做 个 小 孩

成年人更应保有孩子的天性

Be More Kid

How to Escape the Grown Up Trap and Live Life to the Full

［英］ 埃德·詹姆斯（Ed James）

［英］ 马克·泰勒（Mark Taylor） 著

［英］ 妮基·泰勒（Nicky Taylor）

李林 译

人 民 邮 电 出 版 社

北 京

图书在版编目（CIP）数据

做个小孩：成年人更应保有孩子的天性 / （英）埃德·詹姆斯（Ed James），（英）马克·泰勒（Mark Taylor），（英）妮基·泰勒（Nicky Taylo）著；李林译. -- 北京：人民邮电出版社，2023.7
ISBN 978-7-115-61446-9

Ⅰ. ①做… Ⅱ. ①埃… ②马… ③妮… ④李… Ⅲ. ①儿童教育－家庭教育②儿童心理学 Ⅳ. ①G782 ②B844.1

中国国家版本馆CIP数据核字(2023)第052651号

内 容 提 要

孩提时代，我们都有远大的梦想，并且认为这些梦想终会实现。但长大后，我们不再憧憬那些梦想与追求，往日的动力与决心都随时间流逝，我们被日常生活所缚，每日违心地将就过活……生活本不应如此不堪。

对比儿童与成年人在相同情境下的表现及二者在其他方面的不同，我们可以发现，随着不断成长，我们逐渐埋没了孩提时代曾拥有的许多宝贵品质。其实，我们并没有丢失这些品质，只是忘记了如何使用它们。为此，三位作者创作了本书，旨在帮助成年人运用童年时期的各种宝贵品质，以应对生活中的各种烦恼、焦虑与压力，全情幸福地生活。虽然人生难免会遇到困难，但当再次遇到困难时，我们会变得更自信、更从容、更有韧性。

◆ 著　[英]埃德·詹姆斯（Ed James）
　　　　[英]马克·泰勒（Mark Taylor）
　　　　[英]妮基·泰勒（Nicky Taylor）
　　译　李　林
　　责任编辑　黄海娜
　　责任印制　彭志环

◆ 人民邮电出版社出版发行　　北京市丰台区成寿寺路 11 号
邮编 100164　　电子邮件 315@ptpress.com.cn
网址 https://www.ptpress.com.cn
北京市艺辉印刷有限公司印刷

◆ 开本：880×1230　1/32
印张：7.75　　　　　　　　　　2023 年 7 月第 1 版
字数：200 千字　　　　　　　　2023 年 7 月北京第 1 次印刷
著作权合同登记号　图字：01-2022-3088 号

定　价：59.80 元
读者服务热线：（010）81055656　印装质量热线：（010）81055316
反盗版热线：（010）81055315
广告经营许可证：京东市监广登字 20170147 号

愿本书触及每个人的童心，给它自由……

引言

瑞秋坐在椅子上，整个人小了一圈，似乎她那副用以示人的面具留在了门外。眼前的才是真实的瑞秋，她恐惧、疑惑、不自信，并且因为长期伪装而变得身心疲惫。

在家人与同事的眼中，瑞秋自信、自知，她的追求十分明确，并为之努力。然而，在瑞秋的内心，她觉得自己远谈不上自信，她感觉自己与他人总有差距，永远也不够格，她感到茫然、不知所措。

她始终想不清楚，自己究竟想追求什么。但她清楚自己累了。她知道，在所有人看来，她的生活美好、如意；她还知道，对自己拥有的一切，她应当感恩、知足，但她的生活中总是少了点什么。

更糟糕的是瑞秋认为，只有她一个人有这种感受。然而，一周前，小乔坐在这里时，表达出的困惑与瑞秋几乎完全一致。更早之前的一天，汤姆诉说的问题也和瑞秋如出一辙。

那天，汤姆吐露了一件让他深感羞愧的事，在那天之前，他觉得这件事简直无法说出口，它压在他的肩头有如千斤重担。这件事是这样的：他有一种感受，有一天，自己似乎忽然清醒了，发现自己有了家室，养三个孩子，而且有一大笔贷款要还，还养一台豪车。他厌恶自己的工作，但又依赖那份收入养家糊口，所以他日复一日地去上班。生活无滋无味却无法摆脱，他感到厌倦，想要一走了之。

再说小乔。任何一件事都能令她发火。她总是不自觉地为一些鸡毛蒜皮的小事对丈夫和孩子大吼大叫，其实她知道，那些事并不重要，但她就是控制不住自己。她饮食过量，饮酒也过量，她知道这些行为都有害健康。此外，她还不愿意锻炼。她明明知道锻炼一下自我感觉会好一些，但她依然不愿锻炼。在工作中，她开始犯一些低级错误；生活状态每况愈下，她想要悬崖勒马，让自己振作起来。

瑞秋、汤姆、小乔，以及过去与未来许许多多和他们一样的人，他们的生活与自己心中向往的并不一样。

孩提时代，我们都有远大的梦想，没有什么是我们做不到的。我们认为，来日方长，梦想终会实现。后来，随着不断成长，我们不再憧憬那些梦想与追求，往日的动力与决心都随时间流逝而不自知。

可喜的是，我们并没有丢失童年时期曾拥有的宝贵品质，我们只是忘记了如何使用它们。

2011 年，澳大利亚的一名护士布罗妮·魏尔（Bronnie Ware）

创作了一本名为《临终者的五大遗憾》(*The Top Five Regrets of the Dying*）的书。魏尔护士负责照料生命只剩下 12 周的临终患者，他们临终前反思一生，各有遗憾，她记录下了其中具有代表性的主题。以下是这些临终患者表达得最多的五项遗憾。

1. 要是当初我鼓起勇气按自己的意愿生活，而不是按他人的期许生活就好了。
2. 要是当初我没有那么拼命工作就好了。
3. 要是当初我鼓起勇气说出自己的感受就好了。
4. 要是当初我没有与朋友们失去联系就好了。
5. 要是当初我能快乐些就好了。

我们把《做个小孩》一书献给每一位想要尽享生活的读者，希望所有人都不会有这些遗憾。本书的主题不是自我提升，不会劝诫你远离酒精或巧克力等，你大可放心。本书的主题是如何改变心态和走出舒适区，领悟生活的真谛并快乐地生活。

本书的每一章都提供了实用的练习。为了使这些练习发挥最大的作用，读者应当在读完每一章的同时，完成这些练习。我们希望读者按顺序阅读本书，因为每一章的内容都是承上启下的。

本书的部分内容可能会使读者感到不适应，部分内容会质疑读者的思维模式，但不要紧张。要想改变现状，就要改变心态和走出舒适区，而且你的感受、反应或答案没有对错之分。

本书对读者只有一个要求——保持开放的心态，并行动起来。

你是否注意到，有些事可以轻易难倒成年人，但对孩子们而言，却完全不成问题？

下面的小故事表明，决定我们是否幸福与成功的不是人生境遇，而是如何应对人生境遇。

埃德的故事

在我的小女儿 6 岁的时候，一次她摔伤了胳膊。那天，她正在上铺和哥哥们玩，突然摔了下来，胳膊摔得很严重。至今我还记得，我在楼下，听见她摔在地板上时"咚"的一声闷响。我讲这件事是因为在此之后，我开始对她甚至对所有孩子都产生了全新的认识。

言归正传，继续讲我小女儿的那次经历及我的"新人生哲学"的来历。当时，她表现得非常镇定：在整件事中，她只在摔下来时哭了一次，但随后就开始从容地接受各方而来的小压力了。手术过程丝毫没有压抑的气氛。在选石膏和手臂吊带时，她很开心，因为她可以选择自己最喜欢的颜色——粉色！她还很自豪地向同学们讲述这次意外经过，以及她的胳膊多久不能动弹。简而言之，她不仅没有抵触这次意外，而且全身心地接纳了它。她用另一只胳膊拉开抽屉，再用头关上抽屉。现在我还保留着她在迪士尼冰上世界的一张留影，照片中她笑得很甜，而且还在炫耀那只粉色的手臂吊带！

对比儿童与成年人在相同情境下的表现及二者在其他方面的不同，我们可以发现，随着不断成长，我们逐渐埋没了孩提时代曾拥有的许多宝贵品质；而如果我们能找回这些品质，并将它们与我们成年后积累的知识及阅历结合起来，那么我们一定会获益匪浅。

在过去三年间，我们为创作本书开展了很多研究工作，研究结果表明，有太多人感到不幸福；在他们给出的原因中，有一些共同之处。

他们感到不幸福的原因包括：自己看重的事想做但未做，因此感到内疚；渴望获得某些情感关系，但未能如愿；不想迎合他人的期望，而希望他人接受自己的本色；缺乏信心，疑惑重重，抱有束缚性观念；虽然个人经济状况、工作及某些情感关系陷入困境，但无法改变现实；看不到出路，不知道如何挣脱束缚。

生活本不应如此不堪……

如此多的人郁郁寡欢，以致出现焦虑、抑郁，你也许会问，他们为何不改变现状？

问题在于没有人教过我们如何控制自己的情绪；也没有人教过我们当思维模式行不通时，我们可以改变它，更没有人教过我们如何改变它。人们对思考什么、如何生活没有决定权，只能听之任之，这是一种普遍的心态。人们普遍持有一种推卸责任的态度，但问题是如果我们总是免除自己的责任，不对自己问责，就无法成为生活的驾车者，而沦为乘车者，进而完全丧失内心力量。

我们创作本书的初衷就是帮助读者成为驾车者，认识并找回童年时期曾拥有的各种宝贵品质，并充分运用这些品质及成年后获得的知识与阅历，从而感到更知足，生活更圆满。

在此之后，生活还会出现困难吗？当然会！人生难免会遇到困难，但当再次遇到困难时，我们会变得更自信、更从容、更有韧性。不要忘记，如果我们总是老样子，那么一切都不会改变。

我们将分享多年总结的人类行为学知识及我们面对困难时迎难而上的个人经历，希望你能改善自己的生活；我们还将分享如何一边改善生活一边玩。由此，本书的主题是改善生活，"做个小孩"！

目录

CONTENTS

⭐ **第一篇　看不到出路，于是妥协** / 001

第 1 章　为何非要不幸福 / 004

第 2 章　过度思考 / 010

第 3 章　踟蹰不前 / 019

第 4 章　驾车还是乘车 / 035

⭐ **第二篇　找回从前的自己** / 053

第 5 章　不喜欢就不要勉强 / 056

第 6 章　不要想太多 / 064

第 7 章　活得真实 / 073

第 8 章　有烦恼也没关系 / 083

第三篇　　无条件的爱 / 091

第 9 章　　要知足还是要幸福 / 094

第 10 章　　不要止步于正面思考 / 106

第 11 章　　神奇的想象力 / 116

第四篇　　将自己放在首位 / 125

第 12 章　　如何适应各种情境 / 128

第 13 章　　耍手腕的艺术 / 139

第 14 章　　被遗忘的梦想 / 151

第五篇　　隧道的尽头是光芒 / 161

（而不是另一班列车）

第 15 章　　老妈最懂 / 165

第 16 章　　只为好玩 / 177

第 17 章　　当下该做即当做 / 186

★ / **第六篇　少思寡虑的科学艺术内涵** / 197

第 18 章　化繁为简 / 199

第 19 章　不必介怀 / 207

第 20 章　兴奋起来 / 215

第 21 章　玩儿起来 / 222

★ / **致谢** / 231

第一篇

看不到出路，于是妥协

2018 年 1 月，我们对一组成年人开展问卷调查，对他们的生活提出了许多问题。调查结果表明，他们中的大多数人感觉"看不到出路"。

虽然生活过得不算艰难，但他们总觉得应当更美好、更有生气，这种感觉一直萦绕在他们的心头，但年复一年，生活总是老一套，因此他们觉得无法改变现状。他们只能用食物与酒精麻痹自己，或者每年花两周时间去度假，以逃离现实。

我们称这种状态为"灰色地带"。

灰色地带指人们明明对现状不满意，但仍然选择妥协，勉强接受它，并最终沦为的一种状态，因为这样更轻松、更自在，而且大家都是如此。上小学、中学甚至进入大学，找工作、谈恋爱、结婚生子、养宠物，年复一年，直至退休、去世。这就是你的一生。

安于现状，这种想法难道不可怕吗？你孩提时代的心愿呢？曾经的远大梦想呢？学乐器、学外语的小愿望呢？

灰色地带的真正问题在于，我们感觉不到自己拥有决定权。许许多多的外部力量都想束缚我们。无处不在的广告大肆宣扬不拥有某样东西、不参加某个旅行团，我们的人生就不完整。于是，虽然我们难以承担这些开支，但还是咬牙付了款。在接下来的一两天里，我们的自我感觉良好，但很快就再次回到灰色地带。许多人落入一个陷阱：升职加薪，贷款买房、买车，过着难以负担的生活……渐渐地看不到出路。

也许你开始憎恨自己的工作，但很遗憾，你需要这份收入还贷款。电影《搏击俱乐部》（*Fight Club*）中有一句经典台词："我们用借来的钱买无用的东西，只为对厌恶的人做无谓的炫耀。"对于这幅画面，你是否似曾相识？

最终，我们变成了生活的乘车者，不再拥有决定权，明知生活已沦为一台单调、乏味的跑步机，却不知如何停下来。然而，千真万确的是，我们并没有失去决定权，我们完全可以停下来。在第一篇，我们将探讨灰色地带中一些带有共性的感受及这种现状的成因。只有真正理解现状，才能改变它。那么，让我们一探究竟吧。

第 1 章

为何非要不幸福

　　我们发现，处在灰色地带的许多人有一个共同点：面对不如意的生活，他们怀有遗憾，并常常想象另一番更如意的景象，在空想中度日。对未来怀有梦想是可贵的，但处在灰色地带的梦想只是空想，应另当别论。

　　处在灰色地带的人不是怀着兴奋的心情朝目标努力，而是想逃离现状，或者明知自己能够有所作为，并且为之浮想联翩，但就是不采取行动，同时为自己找借口，如一位受访者所说，"总有这样或那样的事，顾不上。"一个人只有空想，却没有采取行动的真实动力或意愿，终究是一事无成。

　　灰色地带的空想者不行动的原因：要么不真心相信梦想可以实现，要么害怕失败。随着时间的推移，许多人因为久久未能如愿而心生幽怨，他们不再真心地憧憬未来能实现什么，而开始遗憾当初未能实现什么。这是一种放弃：想要逃离现状的同时，又接受了安逸的灰色生活。

　　孩子们不会这样做。

　　如果孩子们梦想做宇航员、芭蕾舞演员或飞行员，那么他

们真的认为有一天这些梦想会成真。对他们而言，没有不可能
的事。他们不担心自己会成功还是会失败。他们在游戏中假装
自己是宇航员，在乘坐太空飞船飞向月球时，他们知道这是游
戏，但他们依然感到非常快乐，仿佛这就是现实。虽然他们还
不是真正的宇航员，但他们并不会为此感到烦恼！恰恰相反，
对他们而言，想象自己当宇航员的样子能够给他们带来动力，
鼓舞他们阅读有关太空的书籍，并通过望远镜遥望星空，从而
获得满足感。

　　然而，慢慢地，社会教给孩子们失败是可耻的，而且答案
有对错之分，答错了很丢人。成年人可能会告诫孩子们，他们
的梦想不太可能实现，孩子们长大后自己也相信了。随着不断
的成长，在环境的影响下，每个人的心中都会充满疑虑与消极
因素。于是，做想做的事、改变现状、追求目标似乎无比困难，
甚至完全不可能实现。

　　作为心理教练，我们的部分工作就是帮助人们摒除被灌输
的负面观念，使人们像孩子一样重新拥有梦想，做出有益于自
身的取舍，进而实现目标。

　　玩是一门艺术，孩子们天生就知道怎么玩，而成年人却往
往是门外汉。玩是享受当下，它既是享受到达目的地的快乐，
也是享受沿途的快乐。玩就要玩在当下，玩在通向远方的路上。
相比之下，大部分成年人在想，"要是能去某地就好了""要是
能像某人就好了""要是能做某事就好了"，但内心从不相信自

己真的能去某地、能像某人、能做某事，同时，又因为这些不如意而感叹人生不公平。这是何等矛盾的心态！在这方面，孩子们的思维模式更加合理。你多久没有抛开思想的束缚，像孩子一样地玩了？

说到底，空想的根本原因是人们都想追求幸福。这是一种美好的追求。多年来，有大量关于幸福的调查与研究，研究人员逐渐得出要想获得幸福有哪些规律可循。哈佛大学的一组研究人员在分析大量数据后提出，幸福的秘诀是无论做什么都要开心；与亲近的人增进感情；找准方向，持续努力；自己擅长什么，就多做什么；照顾好自己的身心健康与经济状况。在其余各章中，我们将探讨这些观点。

当今的问题是，人们将幸福与短暂的快感混为一谈。许多人追求多巴胺等脑内化学物质带来的快感，但这种快感很快就会烟消云散，无法营造持续一生、内心深处的满足感。我们沦为机器人，一味地追求快感——开新车、找新伴侣、穿新鞋，甚至参加为期一天、让人热血沸腾但没有真正改变的培训活动。我们奔波于这些外在事物之间，却从不审视内心、由内而外地改善现状。

这是因为有益与无益有时难以分辨，还因为多巴胺带来的短暂快感唾手可得。例如，在公司度过百无聊赖的一天后，在开车回家的路上，我们可以在快餐店点一份汉堡和薯条。相比之下，要想保持长期的满足感，则需要付出更多的努力。

　　首先，三思而后行。在做一件事前，我们要想一想这件事只能带来短暂的快感，还是有助于长期幸福？我们会发现，答案往往非此即彼。吃甜甜圈会让我们感受到多巴胺的刺激，但如果吃完后我们变胖了，那么这是否有助于长期幸福呢？很可能不会。

　　为避免概念不清，下文不使用"幸福"一词，而使用"知足"或"心态平和"，因为人生难免不如意。常言道，天有不测风云，人有旦夕祸福。每天、每时、每刻都感到幸福是不可能的，但内心保持一份知足感是有可能的，即便在不顺利的一天也是如此。也许每天清晨，你总在自我暗示，一个声音喋喋不休地说这不如意、那不如意，但你可以摆脱这个声音，这是有可能的。此外，没有最幸福，只有更幸福，而且是更持久的幸福，这是有可能的。

　　在一个社交媒体大行其道的年代，还有另一个重要因素，那就是我们时时都在与他人比幸福。社交媒体上他人的生活如此完美——完美的房子、完美的宠物、完美的假期，令我们艳羡不已。

　　然而，我们所比的是自己的现实与他人光鲜亮丽的一面。我们看到的只是他人想让我们看到的，而且为了拍摄这些照片，他们也许曾大费周章。所有乏善可陈的部分他人是看不到的，因为他们不会把它上传到社交平台。幸福是不可比的，因为我们无从知道他人的幸福感究竟有多少。

同时，在社交媒体外，我们仍然在"比"中备受煎熬。我们认为，自己拥有的一切只有在"比"的过程中才有价值，而这恰恰使我们放弃了决定权：只要邻居家的电视机比我们家的大，我们就无法知足。邻居随时可能买更大的电视机，所以我们永远无法知足。这样的思维模式可不高明！

我们知道，许多人梦想买彩票后中奖，他们研读有关中奖者的各种报道，恨不得自己就是幸运儿。然而，你并不需要很多财富，财富会带来意想不到的新问题，这是事实。你要认清的是，你的动力在哪里、你想做什么、如何感到满足。认清了这些，他人拥有什么对你来说都不重要了。这是内心的一种状态。

看看七岁以下的孩子。当有新玩具时，他们会玩得很开心，无论其他孩子有什么都是如此。即便没有玩具，只发挥想象力，他们同样会玩得很开心。从社会整体看，我们肯定可以多享受自己拥有的，同时少觊觎他人拥有的。

那么，如果不想在灰色地带中空想，我们应该如何做呢？我们应当规划人生，而不是随波逐流。我们应当行使决定权。注意不要落入陷阱，不要既不知道为何落入陷阱，也不知道如何逃出来。已经落入陷阱的人要认识到，要想逃出来，就要改变现状，而能改变现状的只有你自己。

本书将助你一臂之力。首先，我们要注意许多成年人的生活中都存在一个现象，他们认为，生活就是朝着最终的乌托邦奋斗，他们希望"有朝一日"生活会变得极其美好，这样的人数不胜数。在维多利亚时代，英国人称之为"明日果酱"式期许，成年人对孩子们说，以后他们会升入天堂，过着幸福的生活，但眼下他们要爬上屋顶，扫烟囱。

当今社会，很多人寄希望于退休后的幸福生活。虽然有人也许会在退休后更幸福，但在退休前的几十年内，趁着自己年轻、健康去享受快乐的生活不是更可取吗？

做个小孩

有愿望，就为之努力。为自己的决定、行为负责，保持心态平和。以今天为起点，不要害怕失败——不要忘记，孩子们从不害怕失败，本书的主题正是做个小孩。

在下一章中，我们将探讨"过度思考"这一话题，阐释它为何对人们无益，并提供切实可行的小贴士，帮助你更有成效地思考。

第 2 章

过度思考

许多人都有过度思考的倾向。当大脑飞速运转时，无论你在思考什么，其严重性都会被放大 100 倍。只要有一个念头——"这会产生什么后果"，你便会落入过度思考的陷阱。"万一发生甲事件，就会发生乙事件，这样还可能会发生丙事件。"不知不觉中，你臆想出一个大问题。焦虑随之而来，压力陡增，一切都蒙上了阴影，让你感到无望。

于是，这成了一项自证预言。过度思考不是对一个事件的反应，而是对一个事件的认识的反应，以及对随后发生的事件的认识的反应。

想一想，小时候的你应对事件的方式与现在有何不同。那时，发生了一件事，你做出反应，但你只对当下发生的事做出反应，并以字面意思理解这件事。你不知道这件事有益还是无益，你只知道它发生了，要接受它、接纳它。我们称之为少思寡虑。

步入成年后，我们将问题复杂化。一连串的"万一"环环相套，有如漩涡将我们裹挟其中，这时我们被灌输的观念与价值观开始施展其影响。我们没有就事论事，反而因过度思考将自己拖垮，将生活复杂化。

此外，人越怕什么，就越纠结什么，于是就越忘不掉和放不下。于是，当思虑如脱缰的野马般失控时，现实已被忘记，取而代之的是对无数潜在后果的想象。我们称之为分析瘫痪。也就是说，在分析事情时，因一味地寻找确定性而钻入死胡同。实际上，过度思考的一个功能是为我们带来确定性与安全感。人之所以过度思考，是因为想要一切顺利、如意，然而，过度思考的真正效果是使人一事无成。

过度思考背后的生理机制

过度思考不仅仅是心理活动。当我们过度思考时，大脑与身体也在进行相应的生理活动。

当我们过度思考时，身体会进入应激状态。随着大脑飞速运转，脑神经高度兴奋，身体也随之进入高度警觉的状态。我们会随着想象进入战斗或逃跑的模式。我们所想的不再是最初的现实，而是自己的想象，它已经膨胀为最初现实的 10^{20} 倍。

在恐惧感的支配下，我们的身体做出反应。它开始分泌肾上腺素，心跳加速，大量血液流入肌肉，呼吸急促以获取更多氧气，同时血糖飙升，各种感官处于高度敏感的状态。身体可能会微微发抖，手心出汗。我们往往称之为惊恐发作。

肾上腺素是一种短命的物质，因为身体会迅速把它处理掉。然而，当我们进入应激状态、大脑飞速运转时，身体会随之进入逃跑模式。身体做出反应并分泌化学物质（包括皮质醇），从而改变身体的生理状态。与肾上腺素不同，身体无法迅速处理掉皮质醇。

皮质醇的主要问题在于，它会削弱人体的免疫系统，进而带来健康隐患，如血压升高、血糖升高、痤疮、性欲下降。此外，它还可能造成肥胖等问题。在日常生活中，压力较大、过度思考的人容易患病，正是由于这个原因。过度思考的影响不仅限于心理，相应的生理反应会直接影响身体健康。人们常常发现，一旦歇下来，就会患病，也是由于这个原因。虽然身体放松了，但由于它长时间处于应激状态，免疫系统已经被削弱了。

杞人忧天

很多人担心的事也许永远不会发生。浪费宝贵的生命担心各种"万一"，只会使人身心疲惫。英国脱欧就是一个典型事例，没有人可以预测英国脱欧的结局。无论结局如何，每个人最终受到的影响大体上无法预测。但仍有许多人开始担心、过度思考，给自己徒增压力。对这类问题，他们认识不到自己无能为力，更好的做法是继续专注于自己的生活。

　　我们需要重新学习如何应对当下，做好自己力所能及的事，不纠结自己力不能及的事。做个小孩，不要过度思考，要少思寡虑。

让过去左右未来

　　过度思考带来的一个问题是，成年人会幻想某个情境下自己体会到的痛苦。他们觉得有些事会给身心带来痛苦，并因这种感觉而畏首畏尾。

　　例如，有些人过去受过情感伤害，今后便不敢再开始新的恋情。这样"一朝被蛇咬，十年怕井绳"的心态只会对生活造成负面影响，进而改变人生轨迹。如果不能具体问题具体分析，我们只会自缚手脚。

　　此外，还有人认为，自己过去在做某事时出过差错，那么未来做这类事时也有可能出差错，因而战战兢兢，这同样会自缚手脚。

　　与他人相比，还有一些人更容易在内心迷失自己，他们的内心会发生激烈的对话，我们把这种情况叫作"严重自语型"。这类人往往脱离自己的感受，有时这是一种安全机制，使自身免受伤害或痛苦。于是，他们常常被困在内心世界，持续地在内心认识世界，而不与外界交流。这会加重因过度思考产生的压力与忧虑。

他们往往认为，所有人都懂得生活之道，只有自己糊里糊涂、不明就里，仿佛错过了什么。这种观念会影响他们的行为及生活方式。要想打破这种模式，他们就要学会不再过度思考。

◇ 练习：学会不再过度思考

让意识完全专注于当下，时间持续一周。在这一周，你要训练自己无论发生什么，都要绝对接受现实。你可能会遇到堵车，或者因为闹钟失灵而上班迟到，或者子女被学校开除（希望不会如此），但不管发生什么，也不管大事还是小情，都要对自己说"没关系"，然后去应对它。

对每件事，你要思考"对这件事，我能做些什么"，然后，再思考"对这件事，我能改变什么"。如果这两个问题的回答有一个或都是否定的，那么不要再纠结这件事。

当对这件事你不能改变什么时，就要告诉自己，你已经尽力了，接受现实，继续前进。

这样做是为了改变你的关注点，使你更积极地应对生活。

你是逃避现实，还是给自己灌输新的思想观念？

正念疗法与静修各有魅力，但不像大多数人想得那么简单，短期内效果也没有那么好。正念疗法的宗旨是让人按自己的意愿生活，像孩子一样无忧无虑、活在当下，但大多数人难以掌握它。同理，许多人尝试过几次静修后便放弃了。要学好静修，可能需要 20 年，远水解不了近渴。

我们面对的最大问题是，虽然正念疗法与静修都是有用的方法，但它们并不能解决我们过度思考的根本原因。当停止练习正念，或者停止静修并睁开双眼时，生活还是老样子，使你过度思考的问题与诱因依然存在。

人们应对过度思考的另一种方法是自我治疗，包括饮酒或服用安眠药，但无论选择哪种方式，都是逃避现实。在你认识的人中，是否有许多都在为周末而活？在他们的眼中，这两天休息日是"逃避现实"的机会。

这些方法都不能解决根本问题，所以，也许你能逃避一时，但不能逃避一世，之后你还会重新落入过度思考的陷阱。你应当挖掘过度思考的根本原因，然后为自己灌输新的观念。你需要重新学习如何积极地应对生活。

不适的感受

大多数人都在乎他人对自己的看法。在他人眼中，自己是否友好十分重要。于是，人们开展研究，分析人们为何看重这一点。很多研究表明，原因是在内心深处人们想被社会接纳。

在一些情况下，为了被社会接纳，人们会违背自己的意愿，做无益于自己的事。他们通过过度思考等行为屈身于对自己无益的处境。

这时人们的压力会增大，总体感觉不自在。也就是说，过度思考造成了不适。

大脑没有时间休息，更没有时间发挥创造性。电子邮件、短消息、社交媒体上的帖子，各种形式的信息对人们轮番轰炸，致使感官超负荷运转，身体处于应激状态，进而感到焦虑不安。

同时，当人们环顾四周发现都是负面信息时，其处境会雪上加霜。当人们被负面信息轮番轰炸时，很容易过度思考。以新闻为例，一些人随时关注各类新闻，最终变得忧心忡忡。他们感同身受，认为新闻中的问题就是自身的问题，亟待解决。

然而，事实上，他们无能为力。这又要讲到前文提出的问题——哪些是你力所能及的事，如果都不是，那么就应当关掉手机或电视机，不再纠结它们。如果社交媒体上的某件事给你带来了烦恼，那么不要关注它。如果你将这则新闻分享给朋友并告诉他们对此你感到害怕或义愤填膺，那么你不但将这些感受强加给自己，还强加给了朋友。

在大脑中，有一个部分叫网状激活系统，人们通过它寻找与自身相似的事物。你看中某款车型，本以为自己将是附近唯一开这款车的人，但当你买下它后才注意到，许多人都在开这款车，这就是网状激活系统在发挥作用。女性怀孕后似乎能遇到更多的孕妇，这也是网状激活系统在发挥作用。寻觅相似性与熟悉感是人们的天性。

这意味着当人们被负面新闻包围时，大脑就会不自觉地寻找这类新闻，因为这是你对自己灌输思想观念的方式。同理，你和哪些人交往、接触哪些事物、置身于哪种环境，这条规律也适用。这一切对你的生活状态至关重要。小时候，我们往往成长于"阳光灿烂"的环境中；但成年后，我们的生活便充斥着负面影响。

做个小孩

对于世上的纷纷扰扰，孩子们没有什么概念。成年人往往会保护他们，使他们接触不到不良信息、不受负面影响，从而健康成长。

成年后，为了感到慰藉或安全，人们仿佛注定要主动寻找负面现象，但这只会使人更加烦恼。其实，人们不需要如此过多地关注负面现象。

此外，人们容易忘记"也许"这个概念，从而少了许多快乐。我们认识一位出租车司机——印度人阿米尔，我们在讲座中总会讲到他，所以我们的研究生熟知他的事迹。如果你和他聊天，问他的看法，他的回答中总会包括"也许"两个字。例如，你问他："阿米尔，一会儿会不会下雨？"他一般会回答："也许吧。我觉得不会，因为此刻天气晴朗，但一会儿也许会下雨，也许不会下雨。"

他的生活中充满了"也许"，但大多数成年人的生活并非如此，他们渴望生活在确定性中。因此，哪里有确定性，他们就去哪里找。由于确定性往往来自新闻，因此他们开始关注负面现象。媒体与环境在无意间满足了他们对确定性的需求。

然而，想一想新闻记者你就会发现，其实他们只是新闻的复述者，他们听到什么就复述什么，无论真假，而且往往脱离当时的语境。问题在于，因为那些是新闻，所以带着真实性的光环，并被赋予权威性。

我们总想与世上一切负面现象做斗争。我们认为，必须这样做，而且必须亲力亲为。我们还认为，必须找出解决办法。然而，我们没有必要这样做，也不应当这样做。这又要提到本章的练习。你能改变它吗？如果不能，就不要再纠结。

第 3 章

踟蹰不前

"在这个世界上，某个地方的某个人，他没有你的才华，也没有你的资历，却做着你敢想而不敢做的事。"

踟蹰不前，往往是过度思考的结果。过度思考的人忧虑、恐惧，即便想做他们看重的事，内心也会矛盾重重，敢想而不敢做。他们犹疑不决，担心犯错。

踟蹰不前是人生目标与梦想的大敌。它是美好想法的"坟墓"，它消耗斗志，使人既无法获得快乐，也无法实现追求。踟蹰不前的人寸步难行，他们无法前进，常常自怜自爱、逃避现实，或者遇事一拖再拖。

人为何踟蹰不前

当现实不受控制，以致难以承受时，人往往踟蹰不前。当需要解决的问题过于严重或过多时，可能让人难以下手。许多人看不到结局，所以踟蹰不前。

有时，踟蹰不前可能与做事的条理性有关。也就是说，当一个人做事缺乏条理性时，就看不到前进的方向，于是便踟蹰不前。

人往往要拖到最后才会行动起来，如第二天的考试、演讲等。只有事到临头，他们才会行动。他们之所以打破踟蹰不前的模式，是不得已而为之，而这就是他们解决问题的方法。

然而，这会给人们带来很大的压力，并因此对身体造成负面影响。如上一章所讲，压力的生理影响会显现出来，给人们造成伤害。此外，这种摆脱踟蹰不前的做法还有另一个问题——人们往往得不到圆满的结果，因为他们之所以行动是迫不得已。在这种情况下，无论他们做什么，都缺少深思熟虑和精心准备。他们之所以行动，只是为了避免出现另一种不利结果。

踟蹰不前的人还有其他迹象，并且同样影响身心健康。安慰性进食，往往是人们踟蹰不前的一种迹象。因为踟蹰不前，所以他们没有进步，导致内心空虚，因为他们知道该自己做的事情却没有做。于是，他们可能通过进食来弥补内心的空虚。他们寻求安慰，排解烦恼，但不幸的是，踟蹰不前会继续令他们产生烦恼。

恐惧，也会使人踟蹰不前。人们害怕失败，但也害怕成功，因为成功后，他们往往会踏入未知的领域，而他们害怕踏入未知的领域。一些人采取拖延战术，因为他们不想知道结局，因为结局常常带来变化。但深层原因是人们对自身或自身的能力缺乏信心，或者二者兼而有之。

忙中出陷阱

人们往往落入踟蹰不前与过度思考的陷阱中。生活忙忙碌碌，事务繁杂，导致人们做事缺乏条理，愈发地踟蹰不前，进而形成恶性循环。

生活节奏快、忙来忙去，似乎永无宁日，这种感受很常见。也许你正在努力协调自己、子女与配偶三者之间的生活安排。你要上班、做饭、做家务、带子女去俱乐部或兴趣班等。

要想逃脱这个陷阱，一种简单的做法是将要做的事项列成清单，并逐一安排期限。人们自以为有些事有必要做，结果却发现完全没必要做，这只是在为难自己而已。列出所有待办事项，再逐一安排期限，这个过程有助于你梳理这些事项。

❧
妮基的小故事

在我抚养两个女儿的那些年里，很长时间都是单亲妈妈。那时，我有一份全职工作，而且下班后连一分钟空闲时间都没有，更没有时间留给自己。尽管如此，我仍然坚持用熨斗熨烫家中所有毛巾、袜子与内衣。我为何非要这么做？因为这是童年时期父母灌输给我的价值观。他们教育我说，"人的标准是不能降低的，否则就不成样子了！"我们对自己的要求太高，因为我们盲目地认为理应如此，但问起"理"从何来，我们也讲不清、说不明。

────────◆─────────

放眼生活的全貌

人们时常忽视生活的全貌。繁忙的生活有如巨大的漩涡，我们被裹挟其中，忘记真正的追求。正因如此，我们外出度假时，脑海中开始冒出各种新鲜、刺激的想法。我们终于能从日常生活中抬起头并思考一些问题——"为何非要做这份工作，我又不喜欢它"或"也许，这件事还有其他解决办法"。

然而，问题在于，一旦度假回来，我们会毫不犹豫地回到那台单调、乏味的"跑步机"上，大部分时间里过一天算一天。

在人生的不同阶段，生活的侧重点有所不同。有了孩子，其他关系或健身计划在你心中的地位可能会降低。想对事业投入更多的精力，就要从其他方面节省时间。问题的关键不是平等地对待各个方面，也不是只顾一方面而忽视其他方面，而是看重什么就维持什么。

顺便讲一个话题。有人认为，"工作与生活应达到平衡"，我们不认同这一观点。工作怎么能与生活同等重要呢？工作是生活的一部分，前文中的练习表明，人应该综合考虑工作与生活的其他方面。我们认为，人需要的是"订制"生活——订制自己的生活，满足特定阶段的心愿。本书的创作意图正是帮助读者订制这样的生活。

如果你有一个心愿，需要投入大量精力，但目前无法做到，那么就要接受现实，同时努力维持它，使它保持在可接受的程

度，而且不为此感到内疚。例如，有了孩子后，你不再每周去
健身房三次，但不必为此感到内疚。想好你的侧重点，然后接
受自己的决定，不再纠结。如果其他方面更重要，那么就做出
调整，并接受这个改变。

下面的练习可以反映出在你的生活中，你对哪些方面有强
烈的内疚感。你自认为可以在养育子女的同时，既不耽误工作，
也不耽误做家务；既不耽误追求业余爱好，也不耽误约朋友小
聚等，但实际上，你应当侧重于当下的要务。

要侧重于某些事，就无法对其他事投入同等的精力，你应
当接受这一点，同时做好规划，维持其他事，意识到它们。你
没有忘记这些事，你心中没有内疚感，也没有过高的期望值。

✦ 练习：生活圆饼图

通过生活圆饼图规划生活，你看重什么就侧重于什么。在一生
的不同阶段，侧重点各有不同，对此人们往往不能理解。你会成
长，并与不同的人一同成长，为人父母后，尤为如此。

你可以制作属于自己的生活圆饼图。这项练习的做法是，将圆
饼图分为 6 ～ 8 部分，每一部分代表一个侧重点，它可以是各种关
系、健康、健身、子女、个人经济等。每一部分具体代表什么并不
十分重要，但应当与你的侧重点一致。下图就是一个例子。

接下来，根据你对每个侧重点的满意度为自己打分，最低分为

0 分，最高分为 10 分。0 分位于圆心，代表完全不满意；10 分位于圆周，代表完全满意。要快速完成打分。

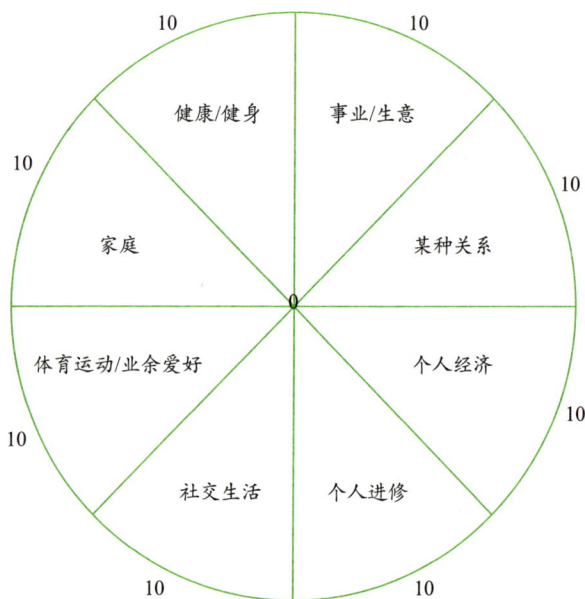

生活圆饼图示例

要注意，这项练习的目的不是要你平等地对待所有侧重点，这一点至关重要。我们认为，所有侧重点同时达到 10 分是不可能的。

打完分后，思考如何将每个侧重点的满意度提升至接近 10 分，并将方法写下来；然后，根据每个侧重点当前的重要性为其编号，再写出当前你对每个侧重点投入时间的大概比例。在这个过程中，你会清醒地认识到，当前你如何分配自己的时间，以及这是否符合

你的意愿。以此为出发点，改变现状。也许你可以从此改变自己的
人生！

踟蹰不前的另一面：动力

如果有一枚硬币，一面是踟蹰不前，那么另一面就是动力。
动力是一把双刃剑。大多数人知道自己不想要什么，于是，他
们为了躲避而产生动力。只有当一种结局足够惨痛时，我们才
会躲避它，这种"避害式动力"才会使我们行动起来，即我们
要躲避不利结局。

你需要做的是改变动力方向，获得"趋利式动力"，即为了
追求而产生动力。你追求的目标或结果远大而光辉，你一想到
它，就感到热血沸腾！

那么，如何实现"趋利式动力"呢？你要做的是排解负面
情绪。这些负面情绪就是负面影响的根源，要排解负面情绪，
就要摆脱恐惧与内疚，同时明确你的生活追求。

人生不是一个点，而是一条线

我们要小心翼翼地保护自己的动力。为此，我们要一个接
一个地为自己树立目标。大多数人实现一个目标后，就不再有
目标了。他们取得一个结果，然后就停滞不前，因为他们认为

生活是一个点，而不是一条线。

　　孩子们总会将生命视为一个旅程。在他们看来，生活就是如此，它很好玩，每一天都仿佛有五年那么久。然而，曾几何时，我们淡忘了这些，生活一下子变成一场赛跑，每个人都尽力冲向终点，它也许是实现乌托邦，也许是获得幸福，也许是做伟大的父母，等等。人们在目标之外，不再有目标。他们认识不到，何为放眼未来。他们将生活的每一个阶段视为一场短跑，而不是一场马拉松。

　　于是，人们踟蹰不前，因为当"避害"的动力足够强并使他们采取行动时，他们采取了后退的姿态，但这种动力的方向错了。使人们行动起来固然可取，但他们需要的是持久、稳定的动力，是不让他们踟蹰不前的动力。为此，他们要制订一个计划，使自己感到知足，并品尝到生活中的各种乐趣。

　　一心想着终点的人还有另一个问题，那就是他们能明确说出自己不想要什么，但往往不知道自己想要什么。在这种情况下，他们很容易改变计划，做出截然相反的转变。他们做事常常半途而废，而后另起炉灶，前后毫不相关，最终在这种模式中度过一生。

　　他们之所以不停地变换方向，是因为他们觉得自己没有走对路，但如果他们坚持走下去看看路会通向何方的话，结果会如何？答案是他们会有许多收获，为未来积累许多生活技能及其他宝贵的财富。

例如，你坐在一辆车的驾驶座椅上，把车开起来，但你只是漫无目的地开车。你需要知道行车方向，你需要一张地图、一个计划、一条路线。即便你想绕远路，尽管去绕，但漫无目的地开车毫无意义，因为即便你"到达"目的地，你也意识不到自己已到达目的地。

✧ 练习：找出自己的辨识标准

知道自己是否走对路很重要。那么，如何辨识这一点呢？找出自己的辨识标准，可以更深入地了解自己与内心的动力。当你感到不确定甚至焦虑时，还可以通过这个标准找出原因。人的内心都有一个辨识标准，所以请你思考以下问题：

针对一件事，你需要亲手做或亲眼看多少次或多久才能相信自己做对了？

不管亲手做还是亲眼看，辨识标准也许取决于次数，也许取决于时间，但这并不重要，重要的是你知道这个次数或时间，否则很容易在取得长足进步的同时，仍然不相信自己做对了。这时，你会反悔、半途而废。

踟蹰不前的借口

许多人在踟蹰不前时会找各种借口，以下是我们反复听到的几种借口。

命

当人们踟蹰不前、不愿行动时，可能会这样为自己开脱："命里有时终须有，命里无时莫强求""人的命，天注定"或"眼下我时运不济"。其实这些都是无稽之谈。这些借口只会让人们继续踟蹰不前，甚至完全放弃。想着"听从命运的安排"，本身就是踟蹰不前。

信"命"使人们踟蹰不前，不愿行动，不愿为自己负责，还会给人以借口并成为自证预言。在大多数情况下，这类人不会做任何努力，至少不做客观需要的努力。

没有时间

人们确实会因为这个原因无法实现自己的愿望，但我们可以克服它。时间面前人人平等，每个人的一天都是 24 小时。问题不在于没有管理好时间——时间不受任何人的管理——而在于没有管理好要做的事。

无论你做什么，时间都会流逝，所以要专心地管理好要做的事。有一位女士曾对我们讲，她没有时间做市场营销，也没有时间参加培训，于是我们问她，"家里的日常采买由谁负责？"她答道，"由我负责，我每周去超市两次。"我们又问她，去超市要花多少时间，包括开车往返的时间，然后又比较了如果改为网络购物需要多少时间。我们又以同样的方法与她梳理了生活的其他方面，最后，为她节省下来不少时间，这些时间足以用于做市场营销。

问题在于，大多数人不珍惜时间。他们没有管理好要做的事，反而拖沓，有多少时间就拖延多少时间。讲到这里，我们又要提到"忙"这个概念。人们总是抱怨自己有多忙，但其实他们并不忙。他们找一些无关紧要的事来做，让自己"忙"起来，只是为了消耗时间，这样一来，对于踟蹰不前的事，他们便可以说没有时间了。

缺少精力或感到疲惫

许多人都存在这个问题。他们感到倦怠，打不起精神，无法应对所谓的困难。要想解决这个问题，就需要下定决心，在客观上做出切实的改变，其中较重要的是保证足够的睡眠。

睡眠对人的身心非常重要，所以务必保证充足的睡眠。充足的定义因人而异，有的人每天只需睡 7 小时，而有的人需要睡 9 小时。

同时，重要的不仅是数量，还有质量。在卧室里，将手机关闭；为卧室安装一面遮光窗帘；不要在卧室内放电视机；卧室是性生活与睡眠的场所，仅此而已。如果因为头脑中一直在想第二天的待办事务而难以入睡，可以在枕边放一个笔记本，将它们写下来，腾空大脑，轻松入睡。

锻炼同样重要。人们的借口往往是没有时间进行锻炼，但恰恰相反，我们有的是时间进行锻炼。这是因为锻炼与睡眠可以改善一切。有了充足的睡眠与足够的锻炼，我们的精力会更旺盛，成功的信心会更强。

饮食也可以影响人的精力。人们需要均衡的饮食，但许多人摄入过多的糖分与碳水化合物，导致精神萎靡、疲惫，无所作为。他们不认真准备三餐，而是依赖零食，于是状态越来越差，形成恶性循环。此外，问题不仅是吃什么，还有何时吃。在不合理的时间安排饮食，同样会产生负面影响。由于他们对生活没有决定权，所以恰恰存在这些问题。

晚餐量过大或含糖量过高，都会影响身体的生理规律。晚间，身体本应分泌荷尔蒙，进入休整状态，但这时它却忙于消化食物，错过了休整的良机。

此外，人还会忽视饮水的重要性。大多数人没有补充足够的水分，处于脱水状态，有头痛的症状，于是服药。其实，每天喝足够的水，裨益要大得多。

马克的故事

几年前，我做了一次膝关节镜手术。住院时一切顺利，但两周后，我的睡眠出现了问题。那时，我在夜间频繁醒来，而后出现疼痛、盗汗。我觉得自己仿佛感染了某种病毒。总之，我的状态每况愈下。

长话短说，几个月后，我被诊断为慢性疲劳综合征。多名医生对我说，我可能要在轮椅上度日，而且，如果我抑郁了，还要终身服用抗抑郁药物。

我去了一家私人诊所，人类已知的各种血液检查我都做了一遍。我记得当时我坐在诊室里，医生说："我知道，你在想，'医生，你一定要把我治好。'但是，我无能为力。我们查不出你的问题究竟出在哪里。我们只能做出诊断，因为你表现出了慢性疲劳的症状。你只能接受这个结果。"被诊断为慢性疲劳综合征或纤维肌痛的患者，往往都要面对这个问题。

那时，我已经知道睡眠障碍是我的大问题，所以我查阅了许多有关睡眠的资料。我尝试了一切方法：枕头下放薰衣草、做针灸、服中药，我甚至考虑过结肠灌洗术，因为有人说这可能有效。最终，帮助我重新入睡的是一名顺势疗法医生。我知道，有人会提出疑问，但这名医生给我开了一些顺势疗法的药物，我服用后真的重新入睡了。虽然这种疗法产生了作用，但使我恢复健康的还有其他原因。

　　我认为我之所以有睡眠障碍，真正原因是多年来各种问题郁结于心，我一直没能解开这些心结。我感到伤心、悲哀，但我一直没有排解这些负面情绪。2009 年，我学习了如何排解愤怒、悲哀、恐惧、内疚、伤痛及内心的矛盾，那时，我才真正恢复健康。

　　许多人受这些问题的困扰踯躅不前、过度思考。这两种行为的根本原因是大多数人不知道如何处理自己的情绪。人有别于动物的原因是人有情绪，因为情绪可以激励人，使人妥善地应对生活，但我们没有妥善地利用它。

　　人可以产生情绪，也可以控制情绪。我们要排解它，以成年人的方式更好地处理它。我们要制定策略，才能保持韧性、打开心结。

无人代劳

　　许多人都会犯一个错误——寄希望于他人替自己改变现状。很遗憾，这些人要失望了，因为改变现状无法代劳。如果你就是这些人之一，那么你要有改变现状的意愿。我们可以提供各种建议，但如果你不行动起来，那么这些建议不会发挥作用。你必须行动起来，必须有行动起来的意愿，必须为行动起来腾出时间。

　　授人以鱼，不如授人以渔。我们可以教你一些方法，但不能为你代劳。我们为你打开一扇门，但你要自己迈进去。我们无法背负着你进去，我们也不想这样做。

这不是说你读完本书后生活会自动变得轻松。我们给予你的是新的思维模式及一些方法，以此帮助你积极地改变生活现状。然而，如果你没有意愿完成本书的各项练习并积极地做出改变，那么生活只能照旧。本书的主题是行动，你不应懈怠。我们担保，没有行动，就没有改变。如果你遵循我们的建议并完成练习，生活将出现何等改观呢？我们拭目以待。

做个小孩

童年时期，我们的情绪来得很自然，我们会跺脚、哭闹、大喊大叫等。这并不是说成年人处理负面情绪时要耍小孩子脾气，而是说童年时期的你曾拥有宝贵的品质，而且长大后的你仍然拥有它，现在你只需要挖掘它，将它与你成年后的阅历合二为一。那么，你所掌握的便是成年时的精华与童年时期的宝贵品质，这个组合是制胜的法宝！

请思考儿童心血来潮时的行为：他们想做什么就做什么。你要像他们一样快乐。他们一想到此时此刻什么最好玩，就会去玩。这是无穷的动力，也是无穷的力量。

当然，成年人的世界存在各种束缚，但是，你有多久没想过"此时此刻我最想做什么"，又有多久没按自己的意愿去做，哪怕只是读书、散步，甚至在街上蹦蹦跳跳？我们不应当束缚自己，而应当信赖自己，关心自己想做什么，然后去做。

我们看重什么就优先做什么，因为体验快乐会压倒一切。引人回首的是体验过的快乐，而不是熨烫过的袜子与内衣。许多成年人都有美好的愿望，但从不付诸行动。主观愿望不会自动变为客观现实。

人要有远大的梦想。不要忘记童年的你眼中曾有无限可能，不要忘记你曾对世界充满好奇。找回童年时期的远大梦想与单纯快乐。你可以想一想童年时期的自己喜欢做什么，重温儿时热爱的、好玩的、让自己满足的事情。

儿时，你曾学过哪种乐器、参加过哪项体育运动、喜欢看哪部电影？重新演奏那种乐器，重新参加那项体育运动，或者再看一遍那部电影，你会有别样的感受。做个小孩，想做什么就做什么，享受其中！

第 4 章

驾车还是乘车

如果将生活比作一辆车，那么驾驶这辆车便是驾驭生活，而乘车的收获则无从谈起。你听凭驾车者选择前进的方向，身不由己。乘车者似乎别无选择，只能乘车，其实大错特错。

活在灰色地带

大多数人活在一个特殊的区域里，我们称之为灰色地带——你是否还记得第 1 章的内容？他们在灰色地带中安顿下来，这是他们的舒适区。灰色地带的生活并不悲惨，但也谈不上精彩。人们也许会抱怨存款不多、假期太少，但他们不想承担责任和改变现状。他们宁愿不承担那份责任，生活平凡而单调。他们摆脱灰色地带的唯一机会，往往是安排度假的时候。

有时也可能是另一番景象：人们遭遇逆境，而后一点点振作起来，他们摆脱逆境并进入灰色地带，这时他们停下脚步，安顿下来。

然而，灰色地带的问题在于，人们对它的主观认识与客观实际不符。他们认为自己在灰色地带中拥有自由，但他们并没有对生活行使决定权，所以并没有拥有真正的自由。如此一来，主观认识与客观实际发生冲突，进而导致心理问题。

长久困在灰色地带的原因

灰色地带给人带来安全感。人的一生中的大部分时间都待在灰色地带里，虽然偶尔会看见外面更广阔的世界，但是，因为灰色地带如此安全、舒适，而且你已经习惯了乘车者的身份，所以不知该如何摆脱灰色地带。

究其原因，其一是这个世界只想让你做乘车者。在人生的各个阶段，它都会约束你，使你以最顺从的方式走完一生。当遇到烦恼时，所有人都安慰你，告诉你不要着急，想开些。如果你失败了，人们往往会说"努力过就好"。很少有人会说"不行，不能认输，振作起来，重新来过"。

一个蹒跚学步的孩子迈出第一步并摔倒时，我们会为他的人生第一步欢呼，但不会强调他摔倒了。虽然我们知道他很有可能会再次摔倒，但我们仍然会鼓励他继续学步。然而，当一个成年人跌倒时，我们会让他注意跌倒这个事实。成年人跌倒时被称为失败，周围的人会安慰他或骄傲地说他们已经预料到这次失败。失败者会感到做乘车者也无妨，于是在周围人的影响下，他便留在灰色地带中。

人们长久困在灰色地带的另一个原因是，他们无法理解灰色地带之外的世界，因为他们的大脑缺少神经网络，无法与外面的世界交流。这里的"神经网络"是指心理活动。灰色地带在他们的大脑中根深蒂固，他们完全看不到其他任何事物。

他们察觉不到灰色地带之外还有另外一个世界，也察觉不到自己处于灰色地带中。他们需要在外界的引导下，形成心理活动与体验，这样才能脱离灰色地带。

此外，做驾车者也不受大众的待见，所谓高大罂粟花综合征，就是这个道理。出众的人易受打压、指责或嫉妒。

当你成为驾车者时就会与众不同。他人会发现，与你相比，自己何等卑微，但他们不会反思自己该如何进步，反而会抵制进步。他们不会想方设法地提高到你的水平，反而会把你拉低到他们的水平。

沦为乘车者的原因

由于上述种种原因，人们被困在灰色地带，终其一生始终是乘车者。那么，追根溯源，人们最初为何会沦为乘车者呢？人们之所以放弃驾驶汽车，转而乘车，有多种诱因。

压力过大——当生活中的困难接踵而至，尤其是挨过一个艰难阶段时，人们感到压力巨大，难以承受，这是他们沦为乘车者的常见原因。他们感到对于眼前的困境自己无能为力，于是放弃了决定权。

找借口——当人们不愿做一件事时，善于找各种借口。为了不采取行动，他们可以罗列出各种各样的借口，而且他们还相信这些借口，认为自己别无选择，只能维持现状。他们的借口包括"我的年龄太大了""我太年轻"或"我要照顾我的孩子们"。

归咎于他人——对于自身的处境，人们会毫不犹豫地归咎于他人。他们会归咎于父母及童年经历。当出现问题时，他们就更容易归咎于他人了。然而，当他们将问题归咎于他人时，就无法反省自身，更无法汲取经验。当他们拱手让出决定权时，也就失去了学习的机会，这时他们便沦为了乘车者。

不想承担责任——人们往往说想换工作、挣高薪、多休假等，但他们缺乏心理准备，不愿付出必要的努力。对于付出，他们的内心矛盾重重，因为他们害怕出错，而且对自己的能力也缺乏信心。

他们会买彩票，或者通过自我肯定语或吸引力法则显化人生追求。但运用吸引力法则只是第一步，它的意义在于人们可以通过它描绘自己的追求，但他们往往止步于此，不再做必要的努力去实现它。

贴标签——在人生的各个阶段，人们会被贴上各种标签。许多人将这些标签作为不采取行动的借口，他们认为自己不能做这件事或那件事并不是自己的错。这些标签剥夺了他们的内心力量。在被诊断患有病症的人群中，这个现象尤为明显。

这些患者在得知诊断结果后，常以此为借口，不再努力。然而，我们都曾听过一些人能够在逆境中取得骄人的成就，这些人的过人之处在于他们没有将标签作为借口或甘愿沦为乘车者。

依赖他人的帮助——在环境的限定下，人们会向外界寻求帮助。当遭遇逆境时，人们对你说，要向他人寻求帮助。当你患病时，人们介绍你参加互助小组。起初，这类互助小组有些价值，但由于小组里的所有成员都存在相同的问题，因此最终互助小组的成员们无法真正地帮助彼此、改善彼此的现状。当人们因相同的遭遇或痛苦而依附于一个群体，而后当这种遭遇或痛苦得到缓解时，可能还会出现另一个问题：突然间，他们不再属于这个群体，但如果他们已经形成身份认同感，认为自己仍属于这个群体，那么可能会阻碍他们康复。

如何判断你是否是乘车者

一个人是乘车者的最明显表现是，这个人常说"我做不到"或"你能做到，但我做不到"。当乘车者不付出努力时，总会为自己找借口。

一个人是乘车者的另一个表现是，任由他人左右自己的情绪与感受。如果你常说"他们惹我生气"或"他让我很难过"之类的话，那么意味着你的情绪由他人决定。你没有认识到自己有能力改变现状，同时将决定权拱手让给了他人。

期待他人来补充自己也是一个人是乘车者的表现之一。人们苦苦寻觅"另一半"，言外之意是认为自己有缺陷，他们要在另一个人身上寻找自己缺失的品质。

父母往往通过子女来实现自己的生活追求，他们自己不去追求某些成就，而集中全部精力帮助子女取得这些成就。相比之下，在帮助子女的同时，你自己仍然努力的做法就完全不同了。作为乘车者，表明你已经退出生活的竞技场，你不再驾驭自己的生活，也不再帮助子女驾驭他们的生活。

贴标签是一个人沦为乘车者的原因和标志之一。如果你发觉自己不断将标签作为不付出努力的借口，那么你已经沦为了乘车者。

同样，逃避生活也是一个人沦为乘车者的标志。逃避生活的形式多种多样，可能是酗酒、沉溺于看电视和手机、度假等。只要存在逃避生活的想法，就表明你不是驾车者。

认识到自己是乘车者是第一步，下一步是如何成为驾车者。

埃德的故事

几年前，有一段时间，我感觉天都要塌下来了。仿佛我在表演杂技"转花碟"时失手了，一只花碟飞出去，砸中另一只花碟，于是接二连三，一切变得支离破碎。相恋19年的女友与我分手，公司面临破产，另一位董事涉嫌欺诈，连累我被调查。每一件事都不顺利，这样的局面让我无法承受，我感到惶惶不安，看不到出路。

我感到完全没有决定权。那时，我准备心一横由它去，听天由命，等渡过难关后再寻出路，但我回想起几年前马克与妮基传授给我的"因果"概念——接受生活的果，还是在"因"上下功夫，夺回一些决定权？

我不能再做不自知的乘车者，不能对前方的道路视而不见，而要重新做驾车者。我欣然接纳了上述概念，并行动起来。真没有想到，哪怕只是微乎其微的努力，仿佛也会产生显著的变化，让人振奋。我发现，我竟然一直掌握着决定权。我重拾信心，开始一件接一件地应对难题。成功的感觉让人上瘾。不知不觉地我已经握住了"方向盘"，牢牢地把握着生活的前进方向。

————————★ · · · · ·

如何成为驾车者

处于灰色地带中的人无意识地活着，仿佛坐在一辆自动驾驶的汽车里，自己不做任何真正的决定。在许多人的一生中，95% 的时间都是这样度过的。他们对生活事件的反应是在外界刺激下产生的条件反应，仿佛巴甫洛夫实验中狗的条件反射。条件反射与积极应对不同。条件反射是指行为听命于潜意识中的观念、价值观、矛盾心理与阅历等设定，仿佛某人或某事从你手中接过指挥权，而你只能在一旁观看自己的生活。

要想成为驾车者，首先要保持意识清醒，并有意识地生活。你要摆脱自动模式，有意识地做抉择。

起初，你可以想象自己年事已高，接近人生的终点。你也许已 90 岁甚至 120 岁。当审视自己的一生时，你看重哪些事情？当回首往事时，你是否会发现，你不断为自己找借口，最终致使自己无缘过上向往的生活？你是否后悔自己未曾放手一搏？你是否会想，如果当初少束缚自己一些，该有多好？

可喜的是，你并不是 90 岁，更不是 120 岁（而且即便你是这样一位老者，仍然可以开启新生活。新生活，不怕晚）。既然如此，你要如何做才能在回望一生时没有遗憾？当你找借口、不想行动时，要从另一个角度想问题。你应当思考是否有变通的办法可以改变现状。不要想"因为孩子们没人照看，所以我不能参加培训"，而要想"为了参加培训，如何找人帮自己照看孩子们"。

观察孩子们的思维模式。孩子们不会轻易放弃，他们只要有心愿，就会想方设法地去实现。

当你思考这个正面问题时，也就回到了正轨。你思考的不再是有多少困难，而是如何克服这些困难。当你在一个问题上变通后，还可以继续审视生活的其他方面，同时考虑"我还可以在哪些问题上变通"。要接纳这种思维模式——"对于这个问题，如何做驾车者"。

还有一种方法同样有用，即避免抱着"试一试"的思维模式。在这种思维模式下，你预设了失败的结局，从而对自己的潜意识思维发出错误的信号。你对自己的潜意识思维发出哪种信号，你的潜意识思维就会交付哪种结果。当你决定"试一试"时，就已经为自己埋下了失败的种子。在电影《星球大战》(*Star Wars*)中，尤达大师讲过，"不要试。要么做，要么不做。"

没有成为驾车者，就不要罢休。成年人的习惯是努力一次后失败了，会因气馁而不再为之努力。孩子们不会如此，一旦他们有了心愿，就会一直争取，直至实现它，或者被明确拒绝。即便如此，孩子们仍然不会断了念头！

埃德的故事

我的女儿杰米是一个锲而不舍的驾车者，我从她的身上看到了榜样的力量。一次，我对她说，我把旧手机内的数据清除后，就把旧手机给她用，但我忙来忙去总是顾不上这件事，但她对这件事始终念念不忘。在两周的时间里，她每隔一天就会问我，什么时候能清除手机里的数据、把手机给她！她不但没有气馁，反而坚持不懈，最终我兑现承诺，她如愿以偿。

做驾车者，内心要坚强。我们在前文讲过，这个世界想让你成为乘车者，所以你需要坚强的意志与决心，敢于与世界抗争，积极地做驾车者。

你的生活你做主

妮基的故事

我持续奋斗25年了，但在不到30秒内，一切不得不戛然而止。朋友不无体贴地问："你心里一定很恼火吧？"他们劝我将事故归咎于小货车司机。医生对我说，我一定会感到很焦虑。

然而，我既不恼火，也不焦虑。我甚至不伤感，更不想归咎于任何人。人们说，对于一场"意外"伤害，这样的态度不正常。

2010年2月那个周一的早上7点47分，我出现在那个地点完全是我自己的决定。那辆红色小货车窜出路口，它高速与我的车追尾的那一刻也完全是我自己的决定。同样，在那一刻，我系着安全带、身体前倾，从脚垫上拿起我的包，以便到达火车站时能够尽快下车，这也是我自己的决定。

小货车与我的车追尾时，我的头被甩向后方，重重地撞在头枕上，头部与颈部顿时感到一阵火烧火燎的疼痛。当时我完全蒙了，但我还记得，我躺在救护车里自言自语地说，总体上我还好。

后来，在医院的走廊里，我想要绕过几辆医用推车，但感觉很吃力；在超市购物时，我感觉难以把商品放进购物筐里。我知道自己要做什么可就是做不到，真奇怪。我意识到自己发生了一些变化。

在接下来的几天甚至几周里，更让我感到奇怪的是我发现自己忘了许多日常用语，和他人讲话时感到很吃力；有时，我甚至弄不清对方讲的是哪国语言，即便马克告诉我，对方讲的是英语，我仍然听不懂。

一天，我过马路时，以为一辆车离我很远，但实际上并非如此，导致我险些被它撞到。显然，我丧失了对速度与距离的感知能力。第二天过马路时，我看了看右侧是否有车辆，但忘记看左侧。这表明，我不能独自外出了，更不可能自己开车了。

以前，我完全独立，每周乘坐飞机往返于英国各地出差，而现在我甚至不能独自外出。我整个人都变了。

后来，我在准备饭菜时，刀切到了手指；将酒杯放回橱柜里时，将酒杯打得粉碎，手腕处被割伤了。这表明，我不能再进厨房了。我究竟出了什么问题？

每天清晨醒来时，我都在想，自己睁开双眼时，一切都会恢复正常，但这并没有实现。

我的左侧面部是麻木的，左臂也是麻木的，而且我走路时要拖着左腿。我无法再参加平时热爱的体育运动，车祸后的几个月里，我的体重增加了约 16 公斤。他人已经无法认出我了，但我毅然决然地要恢复从前的生活。

2010 年 11 月，我已经休病假 9 个月了。我对医生说，我想回去上班。我认为我可以调整心理状态并增强体能，而且我可以通过返回工作岗位做到这两点。

几个月以来，我想方设法地应对每一天，如事先想好他人会问我哪些问题，然后把答案写下来。这些问题不过是五岁的孩子就能回答的常见问题，如我的生日、家庭住址与手机号。如果有人问起，我可以照着念给他们。

我计划逐步返岗，第一周只工作一个上午，第二周工作两个上午，第三周工作三个上午，以此类推，直至恢复全职工作。但我忽略了一点，我返岗后，领导假定我已经能完全胜任全职工作了。虽然这个假定完全正常，但事实并非如此。

返岗后，我面临巨大的压力，因为我无法预判他人会对我提出哪些问题。即便是简单的问题，我也只能回答"不知道"，这时他人常常投来异样的眼光。

按照我的康复计划，我坚持独自乘坐火车。我要大费周章地研究如何在自动购票机上购票，揣测显示屏上各种图标的意思，下车后再走到不远处的办公楼，这时我已经精疲力竭。此外，我还坐错过班次，要沿原路回去，这种情况出现过不止一次。

第一天返岗时，我想不起来如何打开计算机，只好请主管领导帮我。办公室内环境嘈杂，这又是一个问题。那场车祸后，我出现了听力障碍，当周围有噪声时，我无法听清他人讲话。于是，我便学习读唇语，尽可能通过口型去猜讲话者的意图。领导非常想帮助我，但仍然难以找到适合我的工作。

最终，我没能恢复全职工作，并因为无法胜任而被公司辞退。

我持续奋斗25年，但在不到30秒内，一切不得不戛然而止。在之前的3年里，我得到2次晋升，我看得到自己的未来，也清楚自己向往的生活……但一切就这么结束了。

然而，我看到了一线希望。另一段旅程又展现在我的面前。这是一个契机，我可以利用自己所知完全恢复身心健康，这不仅对我自己有益，而且还可以使他人受益：这场遭遇改变了我的人生，无论每个人的人生境遇如何，我的心得都可以帮助他们改变生活。

我不接受身心变化的既成事实，也不接受身心变化的发展趋势。相反，我开始思考如何扭转这些发展趋势。我聘请了一位私人教练帮我增强体力；我调整自己的饮食结构；我利用自己当时掌握的"神经语言程序学"（neuro-linguistic programming，NLP）知识，改变自己的思维乃至自己的生活。如此一来，我便可以现身说法来推广我们 NLP 高级教练从事的工作。

于是，将近 10 年后的今天，我讲出了这段故事，记录下自己摆脱逆境、坚持做驾车者的经历。

埃德的故事

我的叔叔约翰在我们撰写本书时已有 80 岁高龄。75 岁时，他被诊断出患有帕金森病，但他的风采始终不减当年。他不但徒步旅行，而且还登山。大多数帕金森病患者得知诊断结果后，不再参加以前的活动，但约翰叔叔是个例外。在得知诊断结果后，他反而更爱徒步旅行和登山了。虽然他爬的大山小丘不如以前的高大、陡峭，但他仍然坚持登山，几乎天天如此。

医院的工作人员甚至邀请他参加帕金森患者的互助小组，以亲身经历向其他患者证明，患病并不意味着生活停滞。此外，他的体能与身体灵活性使医生们赞不绝口。他秉持的心态是，他不受帕金森患者这个标签的束缚。他的内心有一股力量，时至今日，他的晚年生活仍然非常健康、积极、幸福。

摆脱灰色地带的路因人而异

灰色地带因人而异。一个人即便在外界看来已经功成名就，但依然有可能是乘车者。

近期，我们遇到一个人，如果以各种外在指标来衡量，他完全是一位成功人士。他曾经开办过一家视听设备安装公司，承揽过英国伯明翰市国家会展中心等大型场馆的业务，公司盈利可观，但后来遭到竞争对手压价、争夺业务，他要经常前往伦敦出差，无法陪伴家人。他感到自己被困在这场激烈的竞争中，看不到出路。

他认识到，经营这种业务虽然收入可观，但让人身心疲惫，那并非他向往的生活。于是，他将公司转让给他人，买下了一家小型的羊驼养殖场，而后生活彻底发生了改变。他知道，一直以来他没有陪在孩子们身边、看着他们成长。他想过惬意的生活，同时回报家人。

养殖场里都是体力活儿，但他干起来称心如意、别无他求，而且他有许多时间陪伴家人。回想当初，对于转让公司一事，他完全可以只是想想而不付诸实践。他本可以说自己不能放弃这家公司，因为他需要那份不菲的收入或要还贷款，但他没有。他敢想敢干，放手一搏，最终成为驾车者。

还有一个逃出灰色地带的事例。几年前，我们遇到一对夫妇，与许多人一样，为了逃离灰色地带，他们决定去旅游。在西班牙游玩期间，他们下定决心，要这样度过余生。回国后，他们变卖房屋等所有资产，辞掉工作，而后在西班牙买下一处小房子。

那时，他们有一些现金，没有稳定的收入来源，但他们知道，只有横下心，才能摆脱周一至周五、朝九晚五的单调生活。在接下来的 6 个月里，他们栖身于西班牙的小房子里，为了赚钱，他们开始打零工，如去机场接人或受托照看他人的房产。他们享受当地的怡人气候，在心仪的地方生活。每年 10 月至第二年 3 月，他们会外出旅游。

应当说明，本书不鼓励读者凭一时兴起辞掉工作，但本书非常赞成读者制订计划后再做出这类重大改变。在本书的其他篇章中，我们将探讨这个话题。

做个小孩

成年人最大的错误之一是，没有驾驭生活，而受生活驾驭。人们的意志难以改变，只能做乘车者，而不能做驾车者并行使决定权。孩子们往往不会将一件事考虑周全后再去做。为达成目标需要付出多少努力，这个问题不会羁绊他们。他们关心的只是下一步，而一旦迈出第一步，下一步就会显而易见，世界就是如此奇妙。

如此一步接着一步，你还没反应过来，便已经走完一场旅程，来到新奇的境界，而这一切都取决于第一步。这对孩子们而言很容易，他们敢想敢干。成年人却顾虑重重、畏首畏尾，他们为自己找各种借口，总有理由不采取行动。孩子们从不这样。

此外，孩子们比成年人更容易摆脱标签的束缚。患有疾病的儿童往往表现出巨大的内心力量，他们不会顾影自怜，也不会陷入"我不能""我不该"等想法之中。成年人应当取长补短，让这种做法在自己的生活中发挥作用。

乔什是一位少年，他的身上就具备上文探讨的各种品质。五岁时，他被诊断出患有白血病，在接下来的三年里，不得不频繁地接受治疗。现在，他已经痊愈了。不仅如此，乔什还与本书作者之一埃德一起参加了一年一度的"三峰挑战赛"，为该公司推出的一项慈善活动筹款。他们在三天内成功翻越英国的三座最高峰。

埃德的故事

那场挑战赛十分艰苦，我们的睡眠时间很少，而且活动期间风雨大作，但乔什一直鼓舞着我们。他鼓舞我们的方式不是语言，而是行动。一路上他没有一句怨言。每当我们想抱怨赛事艰苦、身体疲惫或天气恶劣时，我们会就提醒自己，身边的这个人曾战胜白血病，看看他的表现。10 年前，他还在医院接受治疗，而现在他在攀越高山。他心中想的只有克服困难，绝不低头。

后来，乔什与他的母亲共同设立了一个慈善项目，帮助其他有类似经历的儿童，现在由他管理这个慈善项目。他希望以此向其他孩子传递一个思想——不要被他人的意见所束缚，而且他已经做出表率，并取得常人难以想象的成绩。

· · · · · · ★ · · · · · ·

现在，请思考一个问题——你是何种身份：驾车者，还是乘车者？如果你是乘车者，那么你要行动起来。

第二篇

找回从前的自己

在第一篇中我们讲到，做个小孩每个人都能受益。这个理念的核心是找回孩提时代的感受与心态，其中包括怀有希望、认为万事皆有可能，抱有远大的梦想，感到自由而不是重压或束缚。

孩提时代，生活充满无限可能。大人都夸你棒，你简直无所不能。回忆童年，你会发现，那时你学会了各种本领。现在你习以为常的技能，如走路、讲话，在童年时期掌握起来绝非易事，而你达成了所有目标。

孩子们往往没来由地开心。他们事事大惊小怪，因为他们对周围世界充满敬畏与好奇。他们从不害怕提问，但成年后，这些品质被生活打磨没了。

小孩只会理解一句话的字面意思，不会因为条条框框而曲解这句话。对于一件事，他们既不需要做了断，也不追求确定性。极其重要的是，他们不介意失败。如果此路不通，他们会另寻彼路。他们不会沉湎于失败之中。他们活在当下，乐在其中。

然而，随着慢慢地长大，他们渐渐地忽视自己取得的进步，忘记自己有多棒。他们担心失败，每走一步都想获得确定性。

你所处的环境会约束你。许多儿童进入幼儿园及学校后，开始有意识地进行思考，同时疏远了自己的潜意识思维。教师教给他们规范的言行，同时强调他们不能辜负社会对他们的期望。

　　本书并非建议读者重新体验童年生活，也不认为所有人的童年都是幸福的。我们清楚，一些人的童年曾遭遇许多磨难。

　　本篇的主题是如何把成年人的智慧与孩子们的自由天性结合起来，这也是我们创作本书的初衷。我们想帮助读者找回童年时期的那份单纯并从中汲取力量，每个人小时候都曾拥有那份单纯。

　　在本篇中，我们将带领读者找回一些被埋没的品质，同时引导读者在现在的生活中发挥这些品质的作用。

第 5 章

不喜欢就不要勉强

随着我们逐渐成长，环境教给我们各种人生规则。从众性十分重要，许多人因此形成了讨好型人格。环境灌输给我们的价值观强调"牺牲"，即先苦后甜。

为了讨好他人，我们往往会放弃自己的快乐。我们违心地生活，说不出"不行，我不想这样做"。大家的心中往往会记一笔账，"这次我让步，下次对方就该让步"。

于是，我们对他人产生了期待，但当他人没有按我们的期待与我们礼尚往来时，我们便心生怨恨，随之酝酿出第一篇中所讲的不适、矛盾与压力。

出于礼貌或内疚，人们常常违心地对人、对事，于是陷入一种境地：不知如何拒绝他人。人们常常担心，当拒绝他人时会惹恼对方；当他们偶尔摆脱顾虑、拒绝他人时，又不敢直接拒绝，而是小心翼翼地编造各种借口、故事，甚至装病。

这导致的一个问题是，对那些对我们的生活无益的人，或者曾经对我们的生活有益的人，我们总是依依不舍。例如，对于阔别 20 年的老同学，我们会碍于情面约对方外出小聚，其实，我们很想待在家中，泡个热水浴，品一杯葡萄酒。也许对方也有同样的感受！

人们不再考虑他人在自己生活中起哪些作用，虽然当初的关系已不再对双方有益，但人们出于礼貌，仍然继续与他人保持友谊。

孩子们不会这样做。他们只和对自己生活有益的人做朋友。谁有玩具，他们就和谁做朋友，这样做有时显得无情、势利，但重点在于他们总在寻找对自己生活有益的人。但是，你呢？

说"不"的力量

在拒绝他人时不找借口、不给理由，其中蕴含了巨大的内心力量。我们的生活充斥着各种违心之事，导致我们无暇顾及自己的心愿。

囿于情面而不拒绝他人，只能使我们无法满足自己的心愿：没有时间做自己想做的事、陪伴想陪伴的人，甚至没有乐趣，因为我们忙于做违心之事。

◇ 练习：说"不"的力量

在生活中，有哪些事你想拒绝但没能拒绝，把它们都列出来。

在一周的时间内，只接受你想做的事，不想做哪件事就予以拒绝。不要为了情面而说明原因。只管拒绝，不打圆场。看看你会省下多少时间，然后去做自己想做的事。

活得真实

孩子们总是实话实说，他们说得如此直白，有时让父母感到难为情，但他们并无恶意，他们只是很真实、很诚实。俗话说，童言无忌。

真实、豁达、诚实地度过一生，其中蕴含着巨大的力量。周围的人可以了解我们的为人、立场，于是他们的立场便也形成了。

一群孩子聚在一起时就是如此，每个孩子都了解其他小伙伴，因为他们每个人都很真实、很诚实。

埃德的故事

我的儿子杰克喜欢穿某品牌的服装。一次，临近他的生日时，我去商店花了不少钱为他买了一件新潮的连帽卫衣，我以为他喜欢这个品牌。

当我把生日礼物给儿子时，像大多数人送礼物时一样，随口说，"如果不喜欢，就告诉爸爸，我们可以去换，没关系。"结果，当他打开礼物时，他真的说："爸爸，我不喜欢这件衣服。我们能不能去商店把它退了，然后我自己选一件衣服？"

那一刻，我感到沮丧极了，但随后我认识到，如果不退了这件衣服，他要穿很久。他不喜欢的衣服，我为何非要让他穿呢？他不喜欢的衣服，他为何要强迫自己穿呢？只是为了讨好我吗？他的做法完全正确。既然礼物属于他，理应由他决定礼物的去留，否则这份礼物就不属于他。

在这件事上，杰克没有过度思考。我认为，他处理得很得当。但大多数人做不到这一点。他们会微笑着说"谢谢你"，但从不穿这件衣服。

我们思考一个问题：如果以杰克的这种方式接人待物，那么同事关系、朋友关系、家庭关系会有何转变？那时，将不再有怀疑猜忌、冷言冷语，甚至伤人的暗箭。我们将不得不接受他人的本色，因为我们已经表现出自己的本色。

如果所有成年人都采取这种做法，那么生活将变得何其简单。

而这一切都取决于人们是否诚实，是否接纳自己。人们往往只考虑外在因素，他们会说，"如果这件事不是这样就好了"或"如果这件事是这样就好了"，其实，他们只需要接纳自己与当下的生活。

不接纳自己就会产生矛盾，导致第一篇中探讨的各种问题：压力、身体不适及不快乐的总体感受。

人们想营造一种平和的内心感受，他们追求内心平和，却不追求内心真实。他们思绪繁杂，忧心忡忡，害怕受伤害、受拒斥，内心怎能平和？

　　童年时期环境灌输给我们的文化、价值观、行为准则如影随形，一直跟随我们步入成年，这是一种"环境污染"。我们被裹挟在这种"环境污染"中，难以保持诚实。我们不应当追求内心平和，而应当解开自己的心结，重新活得真实。

- - - - - - ★ - - - - - -

　　看看孩子们，他们从不担心自身行为会产生哪些影响。如果一个孩子想象自己是一架飞机，那么他就会张开双臂跑来跑去。他不受拘束，从不担心房间里的其他人是否嘲笑他。那一刻，他看重什么就做什么。

主次兼顾，不可偏废

　　虽然本章的标题是"不喜欢就不要勉强"，但这并不是说你应当即刻停下让你厌烦的所有事。假如你不想上班，你不应当明天就辞职，你需要筹划安排！

　　有时，每个人都要做自己厌烦的事，如报税、处理公司的行政事务等，总有一些事我们不得不做。关键在于我们要认识到，正因为有了这些"杂务"，我们才有条件做"正务"。例如，我们开办一家公司，精心打理我们热爱的业务，但为了使公司正常运转，我们还要做一些行政管理工作，即便我们不情愿也要做。

我们应当结合自身追求的更高目标来看待这些杂务，这样就有了充分的理由与动力做它们。

事实上，生活离不开常规元素，我们需要主次兼顾。观察孩子们的生活，我们会发现，他们的生活就做到了主次兼顾。有些事让他们感到很厌烦，但仍然要做，如早睡早起、洗脸、刷牙。然而，本章讲的不是生活中不得不做的次要元素，而是超出合理界限的其他元素。

摆脱永不满足的陷阱

如果上班让你感到厌烦，那么就思考如何改变现状，使这件"必做的事"有些乐趣。例如，你可以换工作，做自己热爱的事。

审视自己不愿改变这个现状的各种借口：经济方面的借口，如偿还贷款、支付子女的学费，还是要过正常的节假日？思考你能从中获得多少长期快乐。

还记得第一篇中所讲的网状激活系统吗？人脑经过训练后习惯于寻找相似性与熟悉感。如果你一心想着不采取行动的各种理由，那么最终就不会采取行动。从另一个角度想问题，直面各种理由，寻找变通的方法。只有制定行动方案并坚持到底，才会有出路。

✧ **练习：你为何束手束脚**

将所有你想做但因种种原因还未做的事都列出来。

接下来，将你不能做这些事的所有原因都列出来，然后将你能做这些事的所有原因都列出来，再将你克服上述困难的方法都列出来。思考哪些是真正的困难，哪些只是未经质疑便默许的困难。

保持诚实，找出你想做但未做这些事的真正原因。思考"如何实现"能扭转你的思维模式。

做个小孩

马克的故事

大约七八年前，我与妮基去海边一日游。我们童心未泯，最后跑到游戏厅赢了许多积分，并且用1000积分就可以换一架滑翔机之类的玩具。总之，我们用积分换了两只玩具水枪。

我们相互对视了一眼，就不约而同地冲进洗手间给玩具水枪灌水。之后，我们在码头你追我逐，玩水枪大战。我们一边玩一边大笑，玩得酣畅淋漓。我甚至一度躲在一个彪形大汉身后，躲避妮基的水枪射击。

期间，周围许多人投来异样与嫌恶的目光，我想其中会有些嫉妒吧。他们看到我们如此开心，一定在想自己多久没有如此开心了。

　　水枪大战结束时，我们已经笑得前仰后合。真是一段痛快、令人难忘的经历。

────────── ★ ──────────

　　你有多久没有做过类似的事了？你有多久没有玩过了？你有多久没有完全活在当下而丝毫不顾及他人的想法了？

　　你从哪个时刻开始认定自己不可以再做某件事？孩子能否绕着码头跑来跑去，用玩具水枪打水仗？当然能。那么，你为何不能呢？

　　成年人的问题在于想得太多、无中生有，这正是下一章要探讨的话题。

第 6 章

不要想太多

在前文中，我们探讨了过度思考的话题。本章要探讨的话题是在解读他人话语的意思时，为何我们总会无中生有。

想一想孩子如何解读他人的话。他们会按一句话的本意去理解它，而且往往会按一句话的字面意思去理解它。我们的一位研究生给我们讲过一件非常有趣的事，她说她的孩子在洗澡时非常不听话，每晚在卫浴间里，孩子们蹦蹦跳跳，总是很难给他们冲洗身体。

她以为这不过是因为孩子们喜欢淋浴、比较兴奋而已，但有一天她终于忍不住问："你们能不能站着不动，让我好好给你们洗澡？"孩子们答道："爸爸就是这样的呀，我们在学爸爸。"她疑惑不解地问："爸爸是哪样的？"孩子们说："爸爸说，他要在淋浴时跳一跳。"（原意为快速冲洗身体。）

这件事非常真实地反映出孩子的做法。他们不会揣摩话语中包含哪些言外之意，而只会理解话语的字面意思。

随着孩子逐渐长大，他们开始揣摩话语的弦外之音。问题在于，在大多数情况下，这种解读方式会产生负面效果。人们很难快乐的原因是他们总是忧心忡忡，过分解读他人的话语。

例如，有时，人们纠结于他人的困难，仿佛他人的困难就是自己的困难。人们往往认为他人之所以对我们讲述困难，是希望我们帮忙想办法，但他人讲述自己的困难时，真的抱有这样的意图吗？答案往往是否定的。

解读他人话语中的潜台词是因为你自作多情。

成年人听到他人的话语后，往往会想太多。这时，我们对自己、他人，乃至对世界的负面观念会混入其中。我们常常顺势思索下去，而不会想"他们的原话是什么意思？其实，原话的字面意思是一，而我却解读出了二。"

在阅读电子邮件时，你是否总在寻思，"呀，这份邮件的语气好严厉！"但问题是邮件怎会有语气呢？它只是屏幕上显示的一段文字而已，是你读出了字里行间的语气，是你在解读这个世界、发送这封邮件的人。

同样，当你事后重读这封先前匆匆读过、感到语气严厉的邮件时，是否发现邮件内容完全正常，并没有流露出你先前解读出的含义。

你阅读邮件时的心境会左右你对邮件内容的解读。赶着下班、心情急躁时对邮件内容的理解，与第二天早晨心情平静时对邮件内容的理解完全不同。

本章讲的是要按照字面意思理解语言信息。除非你有明确的事实依据，否则不要揣测它的言外之意。

你的世界观

为了理解这一点，我们首先要知道大脑对周围世界各种信息的处理方式。研究表明，每一秒都有 1100 万海量的感官信息在"轰炸"我们的感官，它们包括发生在我们周围的所有事件，如我们看到的、听到的、摸到的、嗅到的、尝到的等。

为了处理这些感官信息，我们要先将其导入神经系统。为此，我们只能利用五种器官，即眼（视觉）、耳（听觉）、手或身体（触觉）、鼻（嗅觉）与舌（味觉）。然而，我们的神经系统无法处理如此巨大的信息量，所以我们需要削减它。我们可以忽略一些信息，概括一些信息，再曲解一些信息，这样我们的神经系统就有能力处理这些信息了。

这些忽略、概括与曲解信息的过程，实际上就是通过我们的世界观过滤信息的过程。我们的世界观由各种信息过滤标准构成，如我们的价值观。价值观体现出我们看重什么，于是我们在此基础上形成了各种观念。这些观念将影响我们对大脑中信息的解读结果。我们总要证明自己是正确的，不是吗？

另一个信息过滤标准是我们的性格特质。性格特质也会影响我们对来自周围世界的信息的解读结果。

所以，如果你的性格特质之一是努力表现后需要得到他人的认可，而在你努力表现后并没有得到他人的认可时，你要么一直纠结直至得到他人的认可，要么认为他人不关心你的表现。你会通过忽略、概括与曲解外部信息来证明自己的这个认识是正确的。

同样，我们的心态也会影响我们对外部信息的过滤结果。如果我们抱有正面的心态，运用正面的语言，关注正面的事物，那么我们更有可能以正面的方式解读信息；相比之下，如果我们运用负面的语言，关注负面的事物，那么我们就更有可能以负面的方式解读信息。

所有这些信息过滤标准都会帮助我们削减海量的外部信息，而且会引导我们的关注点。我们的"关注点"非常重要，因为它左右我们的行为及其结果。在这个阶段，我们的神经系统已经将 1100 万个 / 秒的信息素削减为大约 126 个 / 秒的信息素，这些就是我们意识的关注点。虽然其他信息仍然存在，但它们已经进入我们的潜意识中。

价值观、观念、心态、语言、早期记忆与各种决定，这些潜意识中的信息过滤标准相辅相成，构成我们独一无二的世界观。也就是说，每个人解读世界的结果是不同的。重要的是我们要认识到，我们可以改变自己的世界观，从而改变我们解读事物的结果。

✧ **练习：探究你的世界观**

想象一个具体、不如意的情境，可以是工作不顺心，也可以是一段感情不顺利。这些只是例子，你可以想象任何情境，只要与你紧密相关即可。以这个情境为背景，思考以下问题：

1. 在这个情境中，你看重什么？

2. 在你的记忆中，哪些往事与这个情境相似？

3. 对当前的情境，你有何感受？对相似的往事，你又有何感受？两种感受是否相同？

4. 对当前的情境，你打算如何抉择？你会根据哪些往事做抉择？

5. 在思考上述问题时，注意你运用的语言。它是正面的语言，还是负面的语言，或者都不是？

一旦你开始反思，就会逐渐认识到，你当前的抉择完全来自你的世界观，它包括你的价值观、记忆、往日的抉择、你对自己及周遭世界持有的观念、你的心态、你的性格特质。

如果你的世界观中的这些元素是正面且有益的，那么它们会帮助你应对各种情境、解决各种问题；相反，如果它们是负面且无益的，那么每当你遭遇各种情境与问题时，它们都会与你作对。

世界观对自我暗示的影响

我们的大脑中都存在自我暗示，它是我们的心理活动，是一种连续不断的评论。有人直接称之为"想"，这样也完全可以。一个人的世界观决定其自我暗示的内容，有时自我暗示的内容非常负面。自我暗示还会影响你解读世界的结果，以及你与他人交流、互动的结果。

自我暗示还决定你展现给外部世界的面貌与言行。如果你具有"推理型"性格特质，那么当你遇事时，可能会无中生有地揣测弦外之音。

例如，有人问你"你的新鞋是哪儿来的"，你会如何回答？如果你按字面意思解读这个问题，你的回答可能是"我从某商店买的"或"我从拉斯维加斯带回来的"等。

但如果一个人对自己抱有负面观念，而且具有负面的自我暗示，那么他可能会想，"他觉得我的鞋不好看，否则他不会这么问。我早就知道，我不该穿这双鞋。"

如果一个人对自己抱有正面观念，而且具有正面的自我暗示，那么他可能会对这个问题产生完全不同的解读结果。他可能会想，"他肯定觉得我的鞋好看，他肯定会去买一双一模一样的。"

尽管上述正面想法似乎更可取，但我们并不应当揣测这个问题的弦外之音，无论正面或负面，都是如此。一个简单的问题只需要一个简单的回答。无论你认为提问者是在恭维你，还是对你的新鞋抱有负面看法，都与这个问题无关。在这个情境下，你揣测出的弦外之音很可能是无中生有。

这正是简单问题复杂化的原因。你可能听出正面的弦外之音，也可能听出负面的弦外之音。如果提问者也以相同的方式解读你的回答，那么你们在不知不觉中就远离了问题的初衷。

要确定你是否理解他人的初衷，最简单的方法莫过于直截了当地提问。以上述关于鞋子的情境为例，你可以问："你看这双鞋和这件上衣是否搭配？"如果对方诚实地回答"不搭配"，那么你不应当感到不快。

做个小孩

随着人们从童年迈入成年，许多人不再看字面意思，而开始听弦外之音。在他们的世界观中，各种信息过滤标准之间相互作用，错综复杂，致使他们失去自己的本色，人际交流变得复杂，人们从完全中性的情境中听出负面或正面的弦外之音。

想一想游乐场里的孩子们，他们在交流时，一问一答是如此诚实。他们不会从对方的回答中听出负面的弦外之音。"你想玩这个玩具吗？""不想。"他们完全清楚彼此的态度。

换作成年人，也许会认为对方对自己没有好感，而且对方对自己从来没有好感。

孩子们从不害怕提问。为了理解一件事，他们需要问什么就问什么，需要提多少个问题就提多少个问题。因为他们的世界观中没有包袱，也没有心结，所以交流时不会戴"有色眼镜"。

人们学会听弦外之音后，会不知不觉地养成习惯，处处揣测弦外之音。要想克制自己，你就要具备一定程度的自我意识，并通过意识采取行动。此外，你还要追根溯源，探究你的信息过滤标准中形成这个习惯的根本原因。

◇ 练习：看字面意思，还是听弦外之音

读以下句子，假设这是他人对你讲的话，你将如何回应？将你回应的内容写下来，然后重读这些句子并思考：这些句子的字面意思是什么？我是否在无中生有地揣测弦外之音？

◆ "我渴了。"

_____

_____

◆ "那扇窗开着，屋里有风。"

_____

_____

◆ "天黑了，打开灯可以亮一些。"

_____

_____

◆ "有人按门铃吗？"

_____

_____

◆ "要是有钱，今晚就可以出去玩了。"

_____

_____

第 7 章

活得真实

　　这里讲的"活得真实"是指保持本色。也就是说，是什么样的人就做什么样的人，诚实地对待当下的感受，但不要耽于这些感受。我们为创作本书采访孩子们时，他们流露出的真情实感，对自己好恶的坦诚，以及对待生活的总体态度，都让我们感动不已。

　　成年人往往心存不满且无法释怀，而且我们善于摸索规律，从而期待某种结果，因为我们认为以前曾有先例。其实，这应当是一个感受情绪、接纳情绪并释怀的过程。

　　无论是何种情绪，我们都要感受它。每个人都会感受到喜、怒、哀、乐，都需要将这些情绪表达出来。我们有权利说，"我很生气"，但重要的是要正视情绪、理解情绪，然后释怀。

　　例如，我们不能无休止地愤怒，同时又掩盖愤怒的痕迹，因为陷入这种情绪之中对身心健康不利。

　　关键在于我们要想方设法真正地释怀。大多数成年人懂得"不念旧恶、不计前嫌"的道理，只是不身体力行。压抑自己的情绪不仅影响心理健康，而且影响生理健康，从而导致身体不适。

越来越多的科学证据表明，郁结于心可削弱免疫系统的功能，长此以往会导致身体出现问题。

与情绪脱节还会导致生理性紧张。随着年龄的增长，人们的身体逐渐失去往日的灵活性，这是因为压抑的情绪慢慢累积，并表现为肢体紧绷。人们会出现紧张性头痛，颌骨收紧，含胸驼背，所有这些都是心理活动的生理表征。

一些人不仅对他人隐藏情绪，甚至对自己也隐藏情绪。在他们口中，情绪仿佛潘多拉的盒子：他们不敢坦然面对自己的情绪，因为长久以来他们一直否认自己的情绪，他们担心一旦打开情绪的闸口，结果不堪设想，自己也无法应对。

心理教练班中的一位学员曾对我们讲，"我不能想那些情绪，否则我的一切努力都会前功尽弃。"虽然这种恐惧心理有其真实性与合理性，但它对这个人的身心健康无益。

活得真实的人具备哪些特征

许多公众人物活得真实，活出了真性情，而且具备孩子般的生活态度，可以作为我们的榜样。他们都热爱生活，他们的激情富有磁性。他们爱玩、诚实、开朗，所有人都对他们有好感。他们取得成功是因为他们活得真实，活出了真性情，而且勇于表达自己的感受。

❤

埃德的故事

本书用较多笔墨讲述人们"做个小孩"的事迹。读者也许会问，具备孩子般品质的人会有哪些外在表现呢？首先，当你在他们周围时，可以切身地感受到这些品质。这些品质具有一种力量，拥有它的人只要一出现在房间里，就可以改变房间内的氛围！

英国燃拓（Grenade）公司的首席执行官艾伦·巴拉特（Alan Barratt）就是一个非常典型的例子。他焕发着超乎寻常的人格魅力，始终积极向上、保持微笑，他开朗、真实、招人喜欢、热情，并且使人轻松自在。不难想象，一个长期具备这些宝贵品质的人会获得何等裨益。

他敢想敢干，直来直去，积极热情，这些都是我们在孩子们身上发现的宝贵品质。

小时候，我们都盼望长大成人，然而，帮助艾伦取得巨大成功的却是孩子般的品质，这难道不具有讽刺意味吗？他领英账户上的一句话很好地诠释了他的心态："工作并非生活的全部。我立志集齐儿时的玩具……那天，乘坐飞机去英格兰康瓦尔郡（此处省略各种借口），收了一只老版'千年隼'号宇宙飞船玩具。"

事实证明，我们可以在"做个小孩"的同时，经营最成功、发展最快的企业。艾伦的事例向所有人证明：唤醒童心，就可以取得非凡的成功！

———————⭐———————

演戏

许多人终其一生都在假扮另一个人，他们戴上面具，以示众人，同时力争达到众人对他们的期待。

然而，这样的生活充满了压力，他们会感到身体不适，因为他们活得不真实。那是一个孤独的境地，因为即便有人与他们在一起，他们也感受不到情感上的陪伴，因为他们无法做真实的自己。

现状将会改变

一旦我们开始接纳自己并活得真实，我们的生活现状就会随之改变。一些"朋友"会渐渐地退出我们的生活，这是一个自然而然、有益的过程。那些拖累我们或指望我们为其服务的朋友，终将会离开我们。

留下的是与我们互帮互助的人。这是一个成长的过程。我们不会再强迫自己见任何人，同时，我们开始遗忘这些人。

孩子们的友情是善变的。只要有益，他们每周都会换一个好朋友。如果某个孩子与另一个孩子合不来，那么他不会强迫自己与这个孩子玩。在找到新朋友、离开老朋友时，孩子们并不会感到内疚。那么，我们为何要感到内疚呢？

如何与自己重建情感联结

如果你感到已经与真实的自己脱离情感联结，那么你可以通过一些方法予以恢复。从小事做起，这需要一个过程，不要着急，也急不来，因为挖掘那些被压抑多年的真情实感并非易事。

第一步，承认自己在各种情境下的真情实感。你不需要向任何人坦白自己的真情实感，但需要意识到它们。无论愤怒、烦恼，还是开心、暴躁，都要诚实地面对它们。

第二步，在生活中，留意观察你何时会压抑自己的真实情感。例如，在公司见到某人时，你是否会变得提心吊胆、小心翼翼？见到配偶的母亲时，你是否会谨言慎行？如果你的回答是肯定的，那么你要想办法，诚实、大方地向他们表达自己的感受。

这似乎需要很大的勇气，但做到后你会发现，做诚实的人、说诚实的话会产生强大的力量。如果你活得真实，那么他人会更加尊重你。

然而，现实往往是人们一而再、再而三地"话到嘴边留半句"，小事一件件累积，直至量变产生质变，致使情绪失控。引发情绪失控的事看似微乎其微，实则是多年来留在嘴边的无数的半句话在那一刻倾泻而出。

此外，这也无益于健康。所以，你应当先承认自己当下的感受，再思考自己对他人的言行的反馈是否存在某种规律，把问题想清楚，最后想办法改变现状。这样就可以理性地处理问题。相反，在情绪波动时处理问题，你只会凭一时冲动表现出过激的言行，无益于自己与他人。

没有失败，只有反馈

你应当反思与他人的沟通方式。这涉及我们在上一章中探讨的解读方式的问题，但我们非常反对一种措辞：建设性的批评意见。这种措辞带有负面含义，是否应当改为：建设性的反馈意见？

当他人向你提供反馈意见时，不要忘记这只是他人对你及你的言行的认识，而这个认识局限于他们自身的信息过滤标准。

也就是说，他人对你的认识并不一定是真实的你。他人也许认为你言行粗鲁，没关系，因为这并非表示你就是一个言行粗鲁的人。这只是他人对你的认识，你的言行不应受其支配。

领悟了这一点并对他人说"感谢你的意见"，然后不再纠结于此，便表明你已经摆脱了束缚。

你要认识到，对于世间万物，他人一定会有自己的认识，这些认识因人而异，而且依赖他们当时的处境。领悟了这一点，你就可以认识到，他人的认识与你毫无关系。你没有理由不活得真实。如果你找回真实的自己并对自己树立信心，你的内心就会获得力量，不再担心他人对你的看法。

◇ 练习：你的人生追求

如果你一直在模仿他人而丢失了自己的本色，那么你应当找回自己。

按以下步骤，在每个问题下面写出相应的答案。答题时，不要着急。完成所有步骤后，重读你的答案，无论听上去、看上去，还是感觉上，它都应当让你感到自然，并且讲得通，如有必要，可予以修改。

1. 在一页纸的最上面写下"对我而言，人生的真正追求是什么？"想到什么就写什么，注意你对哪些内容怀有正面的情感依赖。

2. 想一想，"你热爱什么，以至于可以凭着这份爱无报酬地去做？"答案可以包罗万象，甚至是熨烫衣服这类小事。也许一些答案听上去非常古怪，但不要紧，把它们都写下来。

3. 想一想，在工作中或工作之外，你喜欢做什么；再想一想，你是否注意到，在他人的工作中或工作之外，有哪些你想尝试做的事。将这些事都写下来。

4. 思考一个问题："如果我买的彩票中奖了，或者金钱不构成障碍，那么有哪件事我宁愿付钱给他人，也愿意为他人做？"这个问题的目的是，找出哪些事是你真心自愿去做的，而哪些事只是你不得已而为之。例如，有人也许会答，我愿意为他人做饭。将你想到的都写下来。

5. 想一想，你最崇拜哪些英雄、最敬佩哪些榜样、最想像谁一样生活。你希望自己与他们一样做哪些事、具备哪些品质？写下这些人具备的、让你羡慕的品质。

6. 你有哪些特长曾获得他人的夸奖，你又对自己的哪些方面感到满意，把它们都写下来。回想过去，他人可能对你说过哪些夸奖的话，如善于倾听、积极向上、做事有条理等。

7. 审视第 1 题至第 6 题你的答案，注意观察，其中是否包含某条主线或重复出现的字眼，哪些事物让你感到无比激动，哪些事物带给你莫大的成就感。挑出最为突出的字眼或词组并列一份清单，再按正面的情感依赖程度由高至低排列这些字眼或词组。

8. 思考一个问题："在我的生活中，什么是重要的？"这个问题不是指某个事物，而是指激动、公平、乐趣、诚实、智慧等。你列出的内容就是你一生的价值观与为人处世的原则。列出清单后，梳理清单上的内容，按重要性由高至低排列，并为前五项编号。检查前五项是否是你最看重的价值观或原则，如有必要，可重新排列。

回答完第 8 题后，你将拥有一份确定的个人兴趣或爱好清单，其中的内容不但可以带给你莫大的成就感，而且还符合你最看重的五项价值观与为人处世的原则。现在，你可以在这份清单的基础上描绘出你的人生追求。

例如，"我是一个热爱和平与和谐的人。我会将人们聚在一起，消除分歧，达成一致，共同进步。""我热爱动物。守护它们，让它们成长，我会感到开心。"

你可以任意组合自己的人生追求，它可以是非常笼统的框架，不需要任何细节说明。

接下来，请你感受一下。重读自己的人生追求，无论它听上去、看上去，还是感觉上，都应当让你感到自然，并且讲得通，否则就需要修改。这份书面的人生追求必须真正地触及你的内心，能给你带来满足感、知足感与成就感。

恭喜！现在，你有了人生追求。今后，你制定的各项目标都应服务于你的人生追求，帮助你实现圆满的人生。

做个小孩

当观察孩子们的动作时，我们会发现他们的肢体动作一点都不僵硬。相反，他们的肢体动作自由连贯、灵活放松。他们不害怕活得真实，他们与哪些小伙伴玩得来就找哪些小伙伴玩。

相比之下，成年人已经丧失了这种能力。在研究过程中，我们向儿童和成年人提出了一些问题，其中较为典型的是关于假期的问题。我们问他们"为什么要放假"，所有成年人几乎无一例外地回答，他们"需要"放假来缓解紧张、压力，需要从日常生活中解脱出来。而孩子们的回答是，他们"想要"放假，因为他们喜欢去海边玩或与家人玩。孩子们出于各种正面的原因，对放假这个概念感到兴奋，他们不认为放假是为了解脱。

在本章末尾，我们要讲一个关于米其林星级厨师格林·柏内尔（Glynn Purnell）的故事。他在英国伯明翰市开办自己的餐厅后，一次，他的父亲清理家中杂物，发现了格林的中学成绩手册。在手册的最后一页，学生要写下自己的志向。格林写的是"我立志在英国伯明翰开一家最棒的餐厅，富人、名人都会来用餐，而且各地的人也都会慕名而来。每天晚上我都会为他们烹饪美食。"

现在，格林把这份个人志向悬挂在自己家的后门上，他说，看见它就不会忘记自己的前进方向。无论他做什么，这份个人志向都会提醒他做厨师的初心。他说自己所做的一切都源自这个志向。格林出版过自己的书，做过电视节目主持人，也是一位名人，但他的首要身份是厨师，他最看重这一点。正因如此，他不会做任何背离童年志向的事，因为那是他真实的志向，包含他的初心。

第 8 章

有烦恼也没关系

有时，我们会感到烦恼，这不要紧。要紧的是，它应当仅是一时的状态，我们不应对它习以为常。

你可以偶尔顾影自怜、沉湎于负面情绪中，但关键在于，要想方设法地排解负面情绪，否则你只会越陷越深、不能自拔。这时，你可能会感到生活处处是烦恼，并成为一种常态。

孩子们能够接纳烦恼，而且不会将它们放在心上。你会发现，这一刻他们感到烦恼，下一刻就去玩了，没事了。他们似乎天赋异禀，能迅速应对一些大问题。

但这并不是说孩子们不会感到烦恼。孩子们也会感到烦恼，但他们不会沉溺其中，也不会受其拖累。相比之下，成年人需要重新学习如何摆脱烦恼。

成年人往往会进入"受害者状态"。成年人喜欢寻求慰藉，而他们必须先有烦恼，才有理由寻求慰藉。社交媒体助长了这种倾向。它给每个人提供平台，每个人可以轻松地在这个平台上与他人交流；这原本可以让人们获得情感联结，但我们都看到过这类帖子，"今天倒霉到极点"及下面的一连串留言，"希望你顺利，宝贝""一定要坚持住""抱抱你，亲爱的"，等等。

习以为常

这个话题涉及上一章中探讨的内容：活得真实。如果你能诚实地面对自己的情绪，同时不向他人隐藏自己的情绪，那么你就能接受烦恼，不再将它们放在心上。

当你妥协、将就时，就会对烦恼习以为常，这往往是一个渐变的过程。读者是否还记得前文探讨的灰色地带？对一些人而言，充当受害者可以摆脱灰色地带，因为以这种方式可以得到他人的关注，从而调剂单调、乏味的生活。这种行为并非你有意为之，而往往是无意识的行为。

举一个明显的事例：一个人利用社交网站的打卡功能标明自己身处医院，但未给出任何解释说明。一般情况下，如果一个人病情严重，那么他一定无暇登录社交网站，所以他需要反思自身行为背后的原因。

当意识到这个问题时，你可能会发现，自身或他人的行为中存在某种规律：你是否想得到他人的关注，或者你是否助长了他人寻求关注的行为？

不是只有某个人会感到烦恼，人人都会感到烦恼，而且随时可能会感到烦恼。如果你总想，"天呀，为什么我总是不顺"，那么你需要思考是什么原因促使你这样想。你要认识到自己已经陷入受害者的心态中。

人为何烦恼

当一个人塑造出"烦恼者"的身份时，就有了谈资，感觉拥有决定权，甚至感觉自己不再卑微渺小。当人们关心他，询问他的感受或状况时，他感到他们在乎他，从而获得一种归属感。

有时，人们逃避各种情绪，这背后有多种原因。恐惧只是原因之一。如前文所述，人们常常担心一旦拉开闸口，情绪就会倾泻而出，也许就再也无法关闭闸口了。

人们与自己的情绪脱节，因为我们觉得，作为人，我们不应当流露自己的情绪。我们在成长过程中一直认为，有烦恼是不对的。我们还认为，有正面情绪也是不对的，我们从不兴奋，也不允许自己产生任何感受，因为我们害怕负面情绪会乘虚而入。

如前文所述，如果我们不处理好自己的情绪，往往会导致身体不适，或早或晚会酿成身体疾患。

不流露情绪是一种可以习得的行为。如果你的父母与其自身情绪脱节，既不向人诉说自己的感受，也不流露自己的情绪，那么你就会习得这种行为。

问题在于，将一切藏于内心而不向他人诉说会对你造成巨大的压力，它影响你的身心健康，它使你与外界隔绝，常常导致孤独、脱离环境而无依无靠。

承认你的感受

有一些场合不适合表达个人情绪，但这不是说你不能承认个人情绪。你参加工作会议时，不能突然起立、大吼大叫，但你可以稍后离场，反思自己为何想要大吼大叫。不要压抑自己的情绪，而要承认自己的情绪，理解并处理好自己的情绪。

要想打破周而复始的循环，并摆脱烦恼，就要承认自己的情绪，这是第一步。

有负面情绪不是罪

负面情绪对我们有益，因为我们可以从中发现自己的底线。同样，对负面情绪做出反应也是有益的，但要得当。

例如，开车时有车强行并道，你可以喊叫或朝对方挥手抗议，这些都是为了表达不满情绪所做的适当反应，完全没有问题。相比之下，不当的反应是加速追赶对方的车辆，将其逼离车道。

在处理类似的情境时，应当退一步，抛开个人情绪，仿佛你是一位旁观者。这样双方不但可以避免争吵，而且可以心平气和地沟通，各得其所，最终以有益健康的方式排解情绪。

自谋幸福

造成问题的部分原因是在童年时期我们习得了哪些事物是重要的，但对个体而言，这些事物可能并不重要。我们发现，迪士尼电影的结局总是"主人公从此过上了幸福美满的生活"。然而，迪士尼式幸福美满的故事结局使人错误地认识了生活。人们觉得，他们不应当有烦恼，尤其在各种关系中更是如此。然而，我们应当看到，生活不是迪士尼电影，它是跌宕起伏的。在生活中，没有王子会跑来救你于水火之中。

这种思维模式告诉我们，依赖他人才能获得幸福。人们感到要与某人在一起，他们才能变得坚强。然而，事实上，面对生活的应当是你，你要自谋幸福。

调整心态

偶尔有烦恼没关系，接纳这一点是一种心态。人可以摆脱烦恼，毕竟，不喜欢就不要勉强。在生活中，我们要承认自己的情绪，但不要被情绪支配。

人之所以为人，成年人之所以为成年人，在于我们能控制自己的情绪。你要认识到，你不会无缘无故地产生某种情绪。生活中难免有不如意的事，总会有人触碰你的底线。你要做的是接纳情绪，而不是忽视它，同时思考一个问题：它反映了什么问题？

你应当主导情绪，而不是受情绪主导。你要常常思考自己的情绪反映了哪些问题，你的价值观是否对自己有益，你是否应当改变价值观，你是否为了引起他人的注意才做出某些行为，你是否进入了受害者状态，这是否使你无法提升生活的价值。

例如，你是否逃避在高速公路上开车？是否避免独自去看电影？是否逃避去健身房？是否一直磨磨蹭蹭、不去艺术培训班报名？你可以思考一个问题：究竟是什么原因束缚你，使你无法做自己想做的事？同时，你要承认在思考过程中体会到的每种情绪。你只有认识到自己存在哪些情绪，才能处理好这些情绪。

◇ **练习：想做的事，为何不做**

思考一个问题：哪些事是你想做而未做的？

列出所有你看重但找借口未做的事，然后审视这份清单，在每件事的下面写出未做这件事的理由，包括羁绊你的每种感受，如恐惧或内疚。

做个小孩

孩子们能处理好自己的情绪，不会把它放在心上。他们总能接纳自己的感受，即便有了烦恼也是如此。

这并不是说你应当像孩子一样大喊大叫地表达情绪，而是说你应当向他们学习承认自己的情绪，并根据场合以成熟、得当的方式处理好自己的情绪。

要置身于情绪之外，以"有烦恼也没关系"的心态审视自己的处境，诚实地对待自己的感受，处理好自己的情绪，不要把它放在心上。

第 三 篇

无条件的爱

对于无条件的爱，大众津津乐道，但人们往往认为，它是指无私地关爱他人。它的语境常常是先人后己，即将他人的需求放在首位，而自己的需求退居次位，同时，帮助他人获得幸福而不指望回报。

虽然这听上去像一种非常崇高的生活方式，但从长远看，它可能对你自身的健康与幸福不利，尤其是当你持续不断地做出自我牺牲、不断地舍弃自己看重的事物而优先照顾他人时，更是如此。

本篇讲述的无条件的爱，其语境是不理会他人对你的看法与评价，也不迎合他人对你的期望。

想来奇怪，一方面，人们完全可以无条件地关爱他人，让他人的生活更美好；另一方面，大多数人从未想过关爱自己，更不要说无条件地关爱自己了。

人们的各种关系通常可以分为四类：我赢你输、我输你赢、双输、双赢。在接下来的几章中，我们将探讨双赢的关系，并且我们都应当追求这种关系。

获得这种关系的途径之一就是无条件地关爱自己。

一些人认为这是一种自私的生活方式。我们不妨这样看待这个问题：如果自身难保，又何谈顾及他人呢？

在乘坐飞机时，我们会听到安全提示广播，其中关于氧气面罩的用法是这样说的："请您先佩戴好自己的面罩，再帮助他人。"

无条件的爱同样遵循这条原则。你的主要任务是对自己负责，因为如果你的状态不好，你又如何帮助他人达到良好的状态呢？没有你，其他一切都无从谈起，所以，无条件地关爱自己并不是自私的表现。

孩子们是如何做的呢？他们说爱你，同时也做出爱你的表现，但与此同时，他们要你满足他们的愿望，而且需要你教给他们妥协与牺牲。

如果不先己后人，会出现何种结果呢？有一天，你会突然发现，你的生活充斥着遗憾与怨恨，因为你总是先人后己。

先人后己的行为还会危害你的心理健康。如果你将全部精力都用于自身以外的事物而疏于照料自己，那么你可能会产生心理障碍。所以，自我呵护很重要。

在接下来的几章中，我们将探讨如何切实可行地做到先己后人。我们只有无条件地关爱自己，才能无条件地关爱他人。

第 9 章

要知足还是要幸福

当问一位家长对子女最大的心愿是什么时，他最有可能回答"希望子女幸福"。然而，幸福躲躲闪闪，让人寻寻觅觅，它究竟是何方神圣？

我们认为，一个人不应当持续不断地追寻幸福。如果你力求幸福，那么你总会落空。生活不易，世事难料，人生永无持久的幸福。

一门心思、不顾一切地追求幸福，就意味着即便客观条件不允许时，你仍然不会善罢甘休。人们常说，"要是……我就会幸福"，但当他们满足了条件时，幸福却依然躲躲闪闪、不肯降临，也许你也曾有过类似的经历。这只能使你更加焦虑、压力倍增。

我们追求的应当是知足与内心的平和。讲到这里，我们需要再次讨论"接纳"的概念。人们可以在接纳各种遭遇的同时仍然感到知足，即便生活不如意也是如此。

幸福与知足的区别在于，人们往往将幸福视为一个目标、一个终点。许多人认为，得到未拥有的才会幸福，它也许是指物质财富、豪华的别墅、美满的婚姻或幸福的家庭。

为了获得幸福，他们寄希望于外部因素，而知足则源自内心。一个人只要认识到知足感源自内心，就可以随时随地感到知足，但大多数人认识不到这一点，因为在他们眼中，生活是一场线性的旅程，终点才是幸福。

幸福成瘾

幸福感使人上瘾。当人们感到所谓的幸福时，其实是将幸福与快感关联起来了。幸福感是大脑的快感中枢进入高度兴奋时的状态。

人们会对这类幸福刺激上瘾。大脑每次都会分泌多巴胺，人们每次都感到意犹未尽。人们认为，购买最新款的手机、升职、加薪等都能产生这类刺激。他们左一剂、右一剂地不断给自己注入幸福刺激。

问题在于，多巴胺并不能排解你心中的不宁或负面的自我暗示。你的情绪起伏不定，当幸福感消退时，便是苦闷滋生时，仿佛一阵又一阵的毒瘾发作。

简而言之，你应当打破这个循环，戒掉对幸福的执念。

如何对幸福感戒瘾

你要在内心寻求知足感，这是一种接纳自我的境界。这与上一篇探讨的内容息息相关：人要活得真实，无论对自己还是对他人都要诚实，而且偶尔有烦恼也没关系。

在感到知足后，虽然我们会继续做产生快乐的事，但我们不再需要这些外部的刺激，也不再需要使大脑的快感中枢进入高度兴奋的状态。

我们可以借鉴孩子们的做法。他们与生俱来地感到知足。他们不需要昂贵的玩具——让他们感到幸福的往往是不起眼的小事。他们用小木棍打"枪战"、做户外游戏、爬树等。他们不因外在因素而幸福，却因活在当下而感到知足。

在研究中，我们要求儿童与成年人为自己的幸福感评分，分数从 1 至 10，10 分代表最幸福，同时要求他们给出评分的理由。

在参与研究的成年人中，超过半数的评分为 6 分及以下。他们给出的理由归根结底都是外部因素，如生活中的遭遇、未拥有的事物。

相比之下，孩子们的回答截然不同。大多数孩子的评分是 10 分，一个孩子甚至为那一刻的幸福感打出了"无穷高"的评分。这是何等珍贵的状态！

孩子们给出的评分理由都和那一刻的事件有关。一个孩子的幸福感评分是 100 分，因为那天他穿着印有"小马宝莉"的 T 恤衫，那是他最喜欢穿的衣服。另一个孩子打了 6 分，因为他不喜欢接下来的攀岩活动。

　　孩子们与成年人之间的差别在于，孩子们是否幸福取决于当下发生的事件，而成年人是否幸福取决于更为宽泛的一系列因素。

　　孩子们的幸福感与知足感来自当下的状态。而成年人则跳出当下，采取全局视角，并考虑自己的得失。

　　幸福不是一个目标，而是一种状态，人们可以随时进入一种状态。因此，一个人可以随时选择幸福与否。知足与内心的平和是一种境界，它源自我们的内心。

培养韧性

　　要知足，就要具备韧性，要认识到周围的一切都是你亲手塑造的，你要接纳这一切。你要先解开自己的心结，偶尔有烦恼时，要接纳它。

　　当生活不顺心时，你要承认不理想、不如意的现实，同时下定决心接纳它。

　　同样，我们可以借鉴孩子们应对逆境的做法。即便在面对恶劣的环境时，孩子们依然能在一时一刻中感到知足。相比之下，成年人总在寻找幸福的终点站。于是，当一件事不顺利时，会对我们产生很大的心理冲击。

"从此过上幸福美满的生活"并不存在

在成长过程中，我们常常被灌输"乌托邦"的概念，童话故事的结局总是"从此过上幸福美满的生活"，但在现实生活中，它并不存在。

童话故事与电影灌输给我们的观念是，生活中有一个最终的目的地，我们都要努力抵达那里。但灌输这个概念的结果是，我们脱离了儿童的天然状态，不再享受当下的快乐，也不再从自身寻找知足感。

我们习得了总要通过一个外部因素（无论成为王子、公主，还是买彩票并中奖）获得幸福。

社交媒体进一步向我们灌输"完美生活"的概念与"从此过上幸福美满的生活"的终点站概念，但没有任何人能够达到这些标准。我们很容易就将自己的生活与他人炫耀的生活进行比较，并自愧不如。

事实上，知足感唾手可得，因为它就藏在我们心中，无论生活如何变化，我们都能感到知足。我们要做的只是接纳自己！

马克与妮基的故事

我们常常去印度度假，能够明显感到当地人谈不上有何物质享受。他们的生活很简朴，住房条件较差，经济条件有限。但总的说来，与物质条件更充裕的人相比，他们似乎更知足。

出现这个现象的部分原因是，他们懂得接受现实，这是当地的文化。他们并不盼望某种外在因素突然降临、改善生活。他们也不向自身以外寻找幸福，因为他们以自己的真实面貌生活，不如意时尽力而为。

———————★———————

幸福陷阱

当我们不断地从外部因素中寻找幸福时，会落入难以自拔的陷阱。

拥有的越多，开支就越多，付出也就越多。无论贷款购房，还是贷款买车，我们越来越多地做自己不喜欢做的工作，只为了负担这些开支。

你仿佛上了一台跑步机，它运转的速度越来越快，你只能越发地卖力，关爱自己的时间越来越少，陪伴亲友的时间也越来越少。

每个人的生活都堆积着许多"杂物"。我们不断地堆积，但从不停下来反思我们是否需要这些杂物，能否从这些杂物中感到幸福。许多时候，我们从中感觉不到任何幸福。我们的注意力不得不转移到生活中的外在事物上，无暇顾及我们的内心。

埃德的故事

当我与女友分手，又被宣布破产时，我离开了家，手里只拎着一个塑料袋，里面的物品寥寥无几，无非是一支牙刷、一条裤子等。你也许会想，走完前半生只剩下一个塑料袋，一定让人心灰意冷吧？

但我只感到前所未有的释然。

失去一切后你会发现，许多事物并不重要。身体健康，好友相伴，内心平和、知足，夫复何求？

梳理生活的主次和轻重

这里并不是说一个人要放弃所有，才能有所感悟。殊途同归，每个人一路走来，都会与埃德一样，有类似的心得。

◇ 练习：梳理生活的主次和轻重

请你停下来，思考自己究竟看重什么，并将想到的事物一一写下来。

然后，审视这份清单，思考如何更大程度地享受这些事物。具体而言，如何改变生活现状，从而减少工作量，为这些事物多腾出一些时间？例如，是否可以放弃其他一些事物，从而减少支出、减轻部分经济负担，进而减少工作量，将腾出的时间投入自己热爱的事物。

有时，为了达成目标，你需要反向梳理自己的生活。

下面我们讲一个故事，它生动地诠释了我们的生活为何被无谓的事物填满，并变得复杂。

一个大城市的商人去风景宜人的海边度假。一天，他沿着平静的码头散步，并遇到一位垂钓者。这位垂钓者坐在码头边，只有一根钓线垂在水中，等待鱼儿上钩。

这位垂钓者已经钓到一些鱼，想再钓一些鱼，以此消磨时间。商人走上前并对他说："嘿，你可以通过钓鱼发家致富。你可以雇人为你打工，甚至买几艘渔船。这样你就可以赚许多钱，变得非常富有。"

"然后呢？"垂钓者问。

"然后，你可以开一家鱼罐头工厂。"商人兴致勃勃地说，"这样你就变得更富有了。"

"我要做哪些事情呢？"垂钓者问。

"你要努力，投入大量时间。你一定会得到回报。"商人越讲越兴奋。

"然后呢？"垂钓者又问。

"然后，你就可以退休了。每天你都可以坐在码头边享受钓鱼的快乐。"商人说。

垂钓者默默一笑，转头继续钓鱼，正好感到钓线上有轻轻的扯动。

每当你想要拥有什么时，请停下来思考一个问题："拥有它的意义何在？"否则，你会发现，精力与经济上的不断付出换来的不过是你早已拥有却从未珍惜的东西。

❦

埃德的故事

在生活中，我们时而会忘记孰轻孰重。我与伴侣曾经一起经营一家公司，我们投入了巨大的精力。那时，生活的全部内容就是发展业务、开发新客户、提高营业额、继续招聘员工，等等。

一天，我们突然发现，生活中的主次和轻重完全颠倒了。那天，我们的心情差到了极点，简直不堪回首。

那天是我们向客户提案的重要日子，同时又是我们的儿子第一次参加学校大型舞台剧的日子，他在剧中扮演一个重要角色，我们计划在会后立即赶到学校。

然而，会议拖延了。我们都在看手表，心不在焉。我不停地看时间，心里盘算着来不及了、来不及了。我们匆匆收尾，结束会议，冲出大楼。我们各自开一辆车，分别赶往儿子的学校。

一路上堵车严重，我们同时到达学校的停车场，却发现舞台剧刚刚结束。对家长而言，最不堪的莫过于让孩子失望。

那一刻我们认识到，我们把生活过成了一笔糊涂账。一方面，与客户会谈时心不在焉；另一方面，又没有兑现对儿子的承诺。我们应该重新审视生活中的主次和轻重了。

———————⭐———————

那天，没有任何一方是赢家。讲到这里，我们又要讲到前文提出的问题：如果将生活比作一辆车，那么你是想做驾车者，还是想做乘车者？驾车者绝不会安排那次客户会谈，他会追随内心的意愿，即观看儿子的舞台剧。他会改天与客户会谈，达到双赢。

如何挣脱幸福陷阱

当你认识到自己所追求的应当是知足，而不是幸福时，你便会打破周而复始的循环，不再追求"从此过上幸福美满的生活"的乌托邦。

许多人面对的困境是，他们对生活现状感到不安，但又不能准确地辨别这种不安的来源，于是，他们陷入一个循环，不断地在外部因素中追求幸福。

然而，知足感源自内心，要想找到它，就要将目光转向内心。最好的方法莫过于专心致志地做自己的本真，活得真实，也就是遵循第 7 章中提出的建议。

要诚实地面对自己的真实生活追求，也要诚实地面对自己缺少知足感的原因。

你不但要诚实地面对自己，也要诚实地面对他人。不要难为情，与伴侣诚实地探讨你的追求。

如何与自己交流

在与他人交流前，先要明确你的追求。你要清晰地表述不安感的来源，以及如何改变现状、感到知足。

我们建议你每年对自己的生活做一次诚实的评估。你还可以利用第 3 章中的"生活圆饼图"进行练习。这样，你就可以对自己生活中的主次和轻重做到常温常新。

✧ 练习：你追求什么及如何改变现状

先与自己交流，诚实地回答以下问题。

1. 生活中有哪些不如意的方面？

2. 对此，我有何感受？

3. 造成这些问题的原因是什么？

给自己充分的时间与空间，慢慢领悟。有了初步的答案后，不要局限于这些答案，进一步探究、感悟。

例如，也许你并不是真心喜欢目前的工作。你没有放弃这份工作的原因也许是你需要这份收入。那么，你要思考，你为何需要这份收入。你的回答也许是你想要家人过得好一些。那么，这个愿望背后的原因是什么？因为你想多陪伴家人。

如果陪伴家人是你追求的目标，那么违背意愿、花大量时间做自己反感的工作能否帮助你实现这个追求？

这个过程的目的是悟出答案，挖掘自身思维模式背后的问题。在整个过程中，你需要保持清醒的意识，这样才能准确地分析出什么适合自己，什么不适合自己。

不刨根问底，就无法改变现状。

做个小孩

孩子们活在当下。我们的研究发现，当一个孩子做自己喜欢的事时，甚至只是穿着自己喜欢的衣服时，他就会感到幸福。他的知足感与幸福感源自当下，他不会过度思考，也不会刻意追求。

讲到这里，又要讲到我们探讨过的一些话题。孩子们不会做自己不喜欢做的事，他们会诚实地面对自己的感受。成年人应当重新学习并拥有这些品质。

第 10 章

不要止步于正面思考

正面思考只是第一步，它本身无法改变现状，只有行动起来才能改变现状。有时，以正面的视角看待事物是有益的。本章要探讨的话题是，人为何会从正面或负面思考，以及如何予以改变。

你是乐观主义者，还是悲观主义者

如果一个水杯里只有半杯水，那么它是"还有半杯水"，还是"只剩半杯水"？对这个问题，我们都不陌生。说它"还有半杯水"，那么你是一个乐观积极的人；说它"只剩半杯水"，那么你是一个悲观消极的人。可是，你是否思考过，人们看待它的视角为何不同？

许多人相信，无论乐观主义者，还是悲观主义者，都是天生的。他们认为这无法选择，然而，这种认识是错误的。

孩提时代，我们不会有意识地以正面或负面论生活。随着慢慢地成长，我们逐渐习得过滤信息的标准，才开始将生活事件分为正面事件或负面事件。

在第 6 章中，我们探讨了人的世界观是如何形成的。我们的价值观、观念、记忆、性格特质与阅历构成了我们内在的信息过滤标准，这些标准改变了我们对自身体验的认识。

同时，这个内在的思考过程还与我们的内在感受相关，而我们的内在感受又通过我们的肢体语言、外表与言行展现给世界。

如果我们总是重复负面的行为模式，那么无论我们如何正面地思考事物，都无法改变内在的信息过滤标准。

要想改变行为模式，就要先改变内在的信息过滤标准。为此，我们要挖掘由阅历塑造的价值观、观念、记忆、性格特质与情绪。

我们要改变自己的内在，而不是一味地寻找正面视角。此外，偶尔有负面想法也没关系，要接纳这一点。人生难免不如意，何必强颜欢笑。

正面肯定语的负面性

许多人都会运用一些正面的自我肯定语。他们大声背诵这些肯定语，每天 3 次，每次 5 分钟，但问题在于，无论他们如何背诵，许多人仍有未解的心结，仍然无法从这些心结中获得正面的感受。如此一来，正面的自我肯定语不仅无法舒心，反而会堵心。

问题的症结藏在它的名称中：自我肯定语。自我肯定语的初衷是对已有的信念予以肯定。如果你并不是真心相信自己肯定的内容，那么你只是在复述你想做哪些改变而没有付诸行动。

气质性自尊是指个体的自我总体感受。加拿大滑铁卢大学心理学教授乔安妮·V. 伍德（Joanne V. Wood）博士对气质性自尊及自尊如何在日常生活中得以巩固进行了研究。她发现，已经具有较强自尊心的个体可以从正面的自我肯定语中受益。也就是说，这些个体早已相信自我肯定语的内容，自我肯定语只是再次肯定了他们的信念。

然而，对于自尊心较弱的个体，正面的自我肯定语会带来更多烦恼。事实上，正面的自我肯定语只会突出他们仍然处于各种烦恼中。无论他们对着镜子如何肯定自己都无济于事，因为他们的内心总有一个负面的声音在大声反驳："不对，你在说假话。"

所以，对许多人而言，自我肯定语并不奏效。因为这些人没有改变内心深处的执念，而内心深处的执念源自潜意识思维，它会不停地压制意识思维的自我陈述。

质疑你的束缚性观念

要想做持久的改变，就要取得潜意识思维的接纳。为此，我们需要探究自身束缚性观念的来源。

大多数人持有的观念与价值观，其来源都不是自身，而是生活早期受父母等重要他人的影响。

大多数人从不质疑自身的观念，而只是盲目地接纳这些观念，久而久之，便无力改变。即便他们的意识想要改变行为的某一方面，但如果这种改变与潜意识中的观念不符，那么改变仍然无法实现，而且意识不明就里。

要想做出快速而有效的改变，就要在有意识的愿望与潜意识的观念之间达成一致。

举一个典型的例子：戒烟。即便吸烟者在意识思维中想要戒烟，但如果他们的潜意识思维中存在吸烟的正面理由，那么他们仍然无法成功戒烟。

这些正面理由可能包括：吸烟可以缓解压力；吸烟时可以暂时从孩子身边抽身、获得片刻休息；可以在吸烟区与同事闲谈。如果不改变潜意识思维中的这些正面观念与正面收益，那么吸烟者仅凭意识思维是无法成功戒烟的。

当一个人开始质疑自身观念时，常常会出现这样的情景：他会发现找不到客观证据证明这些观念是正确的。认识到这一点是第一步，接下来就可以改变观念，进而改变行为。

✧ 练习：辨识你的观念

一个人可以通过两种方法辨识自身的观念。

第一种方法是列出你的观念清单。以生活中的某个方面（如事业）为背景，可以使这项任务变得简单一些。将在特定背景下你持有的某种观念写下来。例如，我们的一位学员写道，"一分耕耘，一分收获。"

接下来，思考以下三个问题，并针对每种观念写下这三个问题的答案。

1. 这种观念是如何产生的？

_____

_____

2. 你如何理解这种观念？

_____

_____

3. 这种观念对你有益还是有害？

_____

_____

第二种方法如下。

第一，写下你想要改变哪些旧观念或想法。第二，写下你想用哪些新观念或想法取代旧观念或想法。第三，从感官的角度描述，改变观念或想法后，你会看到什么、听到什么、感到什么，以及你会做出哪些行为。

1. 对于你及你的生活，你想要放弃或改变哪些旧观念或想法？

_____

_____

2. 你想用哪些新观念或想法取代旧观念或想法？

_____

_____

3. 改变观念或想法后，生活中会有哪些有益的变化？

_____

_____

无形的牢狱，臆想的锁链

这些观念缺乏事实依据，它们是臆想的锁链，会将你打入无形的牢狱。它们束缚你，使你无法行动。只要挣脱锁链，你的生活就会大放光彩。

一位女士曾因为害怕乘坐飞机向我们咨询，我们安排她做这项练习，审视她的观念，探究她对乘坐飞机抱有哪些执念。

结果是她害怕的不是乘坐飞机，而是死亡。

有趣的是，当我们对她的观念逐步解析并最终发现其恐惧根源时，她突然说："我不害怕死亡。"她对乘坐飞机的负面观念一扫而空，现在她乘坐飞机飞往世界各地，不再有任何心理障碍。

妮基的故事

许多人都有过这种经历。我在孩子们还很小的时候准备返回工作岗位，但我们的社会文化强调女主内、男主外，这对我产生了很大束缚。

那时，我总在想，我不应当去忙事业，而应当将孩子们放在首位，待在家里陪伴他们。然而，当我认识到，归根结底，这是我的执念与思维模式在作怪时，我决定不让这些臆想的锁链束缚自己。

我决定转变自己的思维模式。我可以在照顾好孩子们的同时，兼顾我的事业。转变思维模式后，我不但获得晋升，而且能够为孩子们安排非常美好的家庭生活。

要想做到这一点，只能做全职妈妈，这种想法曾充斥着我的大脑。

你的思维模式需要发展和变化

我们希望你认识到，正面思考不等同于追求目标。正面思考本身并不能解决任何问题。

爱因斯坦曾说，"我们无法用提出问题时的思维层次来解决这个问题。"这也是正面思考者面对的问题。也就是说，当我们思考问题时是一个思维层次，但要解决这个问题，要将思维转换到另一个层次。

我们的思维模式需要不断地发展和变化，同时，我们要不断地质疑并排解负面情绪。

想象这样一个情境：一天清晨，你醒来后对蛋糕产生了正面想法。你喜欢吃蛋糕，开始想象各种蛋糕，你想好了哪一天最适宜吃哪种蛋糕。也许你会浏览社交媒体，找一幅让你垂涎的蛋糕图片，边欣赏边思考一些有关蛋糕的正面想法。这时，你得到蛋糕了吗？没有。

你可以逐个问你的朋友们，他们最喜欢吃哪种蛋糕，然后继续思考有关蛋糕的正面想法，但你仍然无法吃到蛋糕。

也许你甚至购买了所有食材，完全可以做出心中那款蛋糕。然而，无论你对蛋糕抱有多少正面想法，你都无法得到它，除非你准备好所需食材，再加上适当的烘烤制作。

正面思考只是第一步。要付诸行动，并且不是随便哪种行动，而是适当的行动，这样才能心想事成。

如何做才能不止步于正面思考

要养成行动的习惯，这个习惯是一种态度，它是重要的第一步。一旦我们养成这个习惯，就会形成惯性，这种惯性势不可挡。当我们实现一个目标后，就会想要实现更多目标，仿佛上了瘾，做以前想着永远不会做的事情时更是如此。

这一切都源自行动。拿出态度，行动起来，才能有始有终。开始时不要好高骛远，从小事做起并形成惯性，这样才能大展宏图。

🌱 埃德的故事

我一度认为有些事是我力不能及的，但后来我做成了这些事，而成功的诀窍只是拿出态度。

例如，以前我从未想过自己会去玩高空跳伞，但几年前，我做到了。那时，我想，"我要玩一次高空跳伞。"然后我预约了，拿出了态度。预约后，针对高空跳伞，我的思维模式也随之发生转变。因为我知道自己要做这件事，所以我自然而然地开始为之做准备。

———————— ★ ————————

做个小孩

与成年人不同的是，孩子们的信息过滤标准没有包袱，信息过滤过程不会堵塞。孩子们的正面思考是自然而然的，而不是有意识的选择。相比之下，成年人会强迫自己做正面思考，因为他们有未解的心结，堵塞了信息过滤过程。

孩子们还没有接纳他人的各种观念，他们可以随心所欲地做任何事——做一名宇航员、当一名芭蕾舞演员，任何事都不在话下。他们真心相信这是可行的，他们根本没有理由怀疑这一点。对于心中向往的事，孩子们不会空想，而会付诸行动。

相比之下，成年人臆想出无形的锁链，束缚自己的手脚，降低对自己能力的认识。童年时期的所有梦想慢慢泯灭，似乎遥不可及，甚至不再去想。

我们要清理自己的信息过滤标准，疏通信息过滤过程，重新以孩子的视角看世界——那是一个充满机遇、一切皆有可能的世界——然后行动起来，追逐梦想。

第 11 章

神奇的想象力

人的潜意识思维无法区分何为现实、何为想象。

人的想象与人对现实的认识之间没有区别。人的潜意识思维神通广大，它有能力对人的一切想象与认识都信以为真。

也就是说，人只要改变想象与认识，就可以改变自己的感受，进而改变大脑中的现实。

◇ 练习：想象柠檬

请阅读以下内容，然后按提示做练习。

请你想象一个柠檬——一个漂亮、成熟而饱满的柠檬，它具有成熟柠檬的明黄色果皮。想象把它拿在手中，轻轻挤压，手指间感受柔软的果皮。

取一把水果刀，将柠檬一切两半，注意不要伤到手。切开柠檬的一瞬间，果汁迸溅，你可以感到汁水顺着你的手向下流；你的鼻子凑近柠檬时，气味清新，果香馥郁；你用舌尖轻舔手上的汁水，口感酸爽。

现在，闭上双眼，开始想象上述画面。在充分体验这项练习后，睁开双眼。

你的感觉如何？通常会出现以下两种情况：一些人的口中真的会品尝到柠檬的酸味，而另一些人会体验到吃柠檬时的感觉，两腮发酸。

这项练习恰如其分地展示出想象力何等强大。

何为现实

在上一章中，我们探讨了束缚性观念，以及这些束缚性观念的成因。你会认识到，许多束缚性观念缺乏事实依据。这时，你会发现，自己不过是"无中生有"。

大多数束缚性观念都源自你的想象，你寻找虚假依据支持自己的束缚性观念，于是形成了所谓的自证预言。你利用想象出的依据提出自己的观念。福特公司创办人亨利·福特（Henry Ford）曾说，"你认为自己会成功，那么你就会成功；你认为自己会失败，那么你就会失败。"

正因如此，我们提出了"无形的牢狱""臆想的锁链"这两个概念，它们不过是你想象中的构想。

可喜的是，虽然想象力可能会束缚你，使你无法追求向往的生活，但它还可以为你所用。你可以通过它改变现状，开始追求向往的生活。

训练你的思维

关于人类的思维过程，有许多理论模型，其中一种认为人们的体验形成一系列无休止的记忆，我们为这些记忆赋予含义，这就是思维过程。

这些记忆存储在大脑中，需要时就会弹出来。此外，它们还可以唤起人体的物理反应。所以，在柠檬练习中，你感觉仿佛品尝到或闻到柠檬的味道。这是因为记忆唤起了这种物理反应。

激发人体内这个反应过程的是你的潜意识思维。也就是说，如果你能训练自己的思维，那么你的身体就会做出必要的反应，将一幅想象的画面变为现实。

让我们将目光投向世界顶级运动员，他们在取得成功前，都会想象自己取得成功时的样子。以顶级高尔夫球手为例：他们在击球前，都会做一些习惯性的动作。

击球俨然已经成为潜意识思维的动作，因为经过日复一日、年复一年的训练，他们已经不需要调动意识思维参与这个动作。他们要做的只是将球杆顺手一挥，他们知道动作要领，而且已经经历过刻苦的训练。

击球前的习惯性动作，就是发挥想象力的舞台，因为一位优秀的高尔夫球手站在球的后面时，会想象那一击。他们能看到自己，看到球在空中划出弧线，看到球升至最高点，看到球落地，看到目标区。所有这些都会出现在他们想象的画面中。

高尔夫球手在摆姿势的过程中，就完成了这些潜意识思维活动，然后完成挥杆击球的动作。他们的意识思维不会再参与，因为他们一旦开始想象动作，这些动作就已经留存在了思维中。

你有选择的余地

对许多人而言，这种思维模式会带来负面想法。对此，人们的态度往往是自己没有选择的余地，现实就是如此。

我们的态度是，想象出负面想法也许不是人们有意识的选择，但它是人们训练自身思维的结果。

人们之所以如此，也许是受成长环境的影响，也许是受父母的影响，但无论是何种原因，他们的思维经过训练后，只能做最坏的打算，而不能做最好的打算。

问题在于，你的思维无法区分现实与想象。于是，你的身心煞有介事地经历了某种情境下的各种紧张情绪。

让心中向往变为现实

孩子们从不担心未来，他们按自己的心愿做一件事，看着这件事按自己的心愿发生，那一刻他们感到知足。

如第三篇开篇所讲，你的知足感之所以慢慢消失，是因为在你的想象中存在负面循环。

✧ **练习：重新训练你的思维**

想一件具体的、你当前较为担心的事。

想象一下这件事顺利结束 20 分钟后的情境。

你会对自己说什么？你会有何感受？你会看到什么？你会听到周围有哪些声音？你想象的情境一定要发生在这件事顺利结束之后……只要是顺利的结局，那么你可以尽情发挥自己的想象力。现在你的感受是否明显发生变化？注意，你先前的感受都已烟消云散。

今后，每次想到这件事时，只管去想那幅顺利结束的画面，以及随之而来的各种声音、感受，以及你对自己说的话。

只要你的思维中出现任何其他画面或想法，就快速地用这幅你营造出的画面取代它，注意你的感受是否明显发生变化。

以同样的方法处理其他所有让你担心、忧虑的事件；在开始之前，注意你选择的事件要具体。

如果你采用这种方法处理每一件事，那么一段时间后，你的思维就会重新得到训练，你可以利用神通广大的想象力，看到每件事的圆满结局。这会给你的身心与整体健康状态带来莫大的裨益，同时，还会创造更多的机遇，因为你已经进入了适宜的、强大的思维状态，具备辨识机遇的能力。

在做上述练习时，你还应注意，一件事的真正结局是否完全如你所愿并不重要，因为即便一件事没有完全按计划发展，在解决突发问题时，你的身心都会处于更适宜的状态中。通过这项练习，你可以变得更有韧性，可以更好地面对生活及其不确定性。

❦

马克与妮基的故事

大约 10 年前，我与妮基首次举办 NLP 培训班。在开始培训前，我们已经在实践这项技能。我们想象 8 天培训结束 20 分钟后的情境。

整个过程非常顺利。在想象的过程中，我们对彼此说："这期的学员太棒了。课程真顺利。"我们的内心感到无比振奋。

第 1 天，我们抵达酒店，开始为授课做准备。我打开投影仪，但灯只闪了一下就灭了。我想，"没事"，我找到酒店前台，对服务员讲了这件事，他们说会安排人员维修。

2 小时后，仍然没有人来维修投影仪。于是，我又找到酒店前台并询问进展。服务员说："噢，不好意思，是这样的，我联系了维修人员，但需要 3 天时间。"

那一刻，我本可能会方寸大乱，开始对课程的其他方面感到焦虑，但我的思维已经得到训练，我知道不会出乱子，并沉着地面对问题。

几位朋友建议我们向酒店投诉并索赔，因为这个问题可能会让这场培训前功尽弃，但是，投诉对我们有何帮助呢？我们的心态会不会受到影响？我们与酒店的良好关系会不会受到影响？

如果我们听从朋友们的建议以这种方式处理问题，那么整场培训就泡汤了。我们另想办法，成功让每位学员都能看到计算机屏幕及 PPT 讲演稿，使培训得以顺利开展。

因为我们以正面的视角专注于授课，所以找到了其他解决办法，没有受情绪的干扰，更没有把问题闹大以致一发不可收拾。

妥善处理对未来的恐惧

焦虑的实质是人们对未来感到恐惧。由于记忆是造成恐惧的原因之一，因此排解与记忆有关的负面情绪无疑是有益的。但从根本上讲，产生焦虑的原因是，人们对大脑想象出的未来感到恐惧。

人们甚至会因为害怕焦虑而变得焦虑，这是因为人们可以看到自己变得焦虑，同时还可以看到生活未按自己的心愿发展。

不要忘记我们这里所讲的是如何训练身体，使它对潜意识思维做出响应。你的身体仿佛一个机器人，如果你的思维已经经过训练并一心想着你担心的事件，那么只要你开始想"我要感到焦虑了"，你就会感到焦虑。甚至当他人对你说，"我觉得你会为此感到焦虑"或"不要对此感到焦虑"，你也会感到焦虑。问题在于，潜意识思维不直接处理负面信息。言谈中只要提到"焦虑"这两个字，就可能引发身体对其做出反应。

你的身体仿佛一个机器人，它在做出反应时会调节你的生理状态。你认为感到焦虑会产生哪些反应，你的身体就会做出哪些反应。一切改变都会在潜意识层面进行。你的呼吸很可能会变得急促，心跳加快。你的身体出现所有这些反应是因为身体服从大脑。

做个小孩

孩子们尽情地活在当下。我们希望你阅读本章后，可以回想起孩提时代无忧无虑的生活方式并再现这种生活方式。

孩子们在玩的过程中，始终以正面的方式发挥想象力。他们真心相信大脑中的想象与认识。不要忘记其中蕴含的力量，思考如何以正面的方式运用这股力量。永远不要忘记，虽然以正面的方式运用它和以负面的方式运用它都要付出同样的努力，但产生的结果却截然不同。

第四篇

将自己放在首位

小时候，我们自然而然地将自己放在首位。我们被灌输的理念是，保障自身安全。这就是自我保护。然而，随着不断成长，我们逐渐习得"分享"的概念。这个概念没有错，但我们变换了立场，开始感到我们完全不能将自己放在首位。

与他人分享、先人后己的概念已经超出了界限。我们习得人生是苦尽甘来的过程。

社会教给我们的价值观是先苦后甜。做作业，才能学习好；学习好，才能工作好；工作好，才能生活好。人总要先吃些苦头，做违背自己意愿的事，然后才能品尝甘甜。

在先苦后甜的观念下，我们被灌输一种认识，即应当将他人放在首位，然后才会获得回报。然而，生活并非总是如此。

事实上，这样做往往会诱发中年危机。人们将一生奉献给家庭，从未将自己放在首位，转眼间，人至中年，他们开始思考，"我的一生就这样了吗？难道生活只能如此？"于是，他们开始将自己放在首位，但结果常常是害己害人，生活也变得一塌糊涂。

本篇要提出的观点是，将自己放在首位并无不妥；我们将探讨，如何利己利人地将自己放在首位。我们将阐述只有将自己放在首位，才能帮助他人一起尽享生活。

孩子们保留先己后人这一品质的时间，比前文探讨的其他品质要久。随着不断成长，我们各自都产生了要取悦他人的理由。取悦他人已经深深地融入我们的行为。

在日常生活中，你不大可能遇到在他人的汽车起火时，如何生死抉择这类情境，但是，不将自己放在首位会产生其他各种各样的负面结果。你的心理可能会因此产生问题。

本篇中我们对读者提出的建议是，当身处某个情境时，退一步并思考以下问题，"在这个情境中，我想达到何种结果？对我而言，如何做到双赢？"本篇要帮助读者实现两全其美：一方面，做适合自己的选择；另一方面，仍然可以帮助他人。

马克的故事

我曾经为新入职的警官提供培训，教他们如何处置道路交通事故现场。最难的一个环节是，教他们将自己放在首位。

我会模拟各种训练情境，但在练习时，他们总是盲目地冲入这些情境，因为他们总是先人后己。

那时，他们很难理解首先应当保护好自己，因为没有他们，就没有人救援，但归根结底，如果你有危险甚至受伤，那么你帮不了任何人。

第 12 章

如何适应各种情境

　　将自己放在首位的重要一环是，能够适应各种情境。当你具备这种灵活性时，就可以将自己放在首位，同时对他人有益。

　　要想适应各种情境，关键在于不要忘记你希望在一个情境中达到何种结果，并考虑周全，而不要自私自利地将他人一脚踢开。

　　在前文中，我们多次讲到，世事难料。有些事称心如意，有些事则不尽如人意。我们希望你读完本书的一项主要收获是，能够树立坚强的心态，面对曾经使你或他人烦恼的事，不再为之烦恼。

　　孩子们不以利弊论生活，这可能是因为他们的阅历较少，无法辨识利弊。但你会注意到，当他们面对一个情境时，往往就事论事，而且实事求是。

　　相比之下，成年人往往以利弊论生活，但一个情境究竟是利还是弊，谁能说清楚呢？

　　当你想到"这是利"或"这是弊"时，就给自己设下了陷阱。一个情境的实质往往与其表象并不一致，最妥当的办法是专注于已经发生的事，将其视为一件事。它既无所谓利，也无所谓弊，不过如此。

我们可以用电流作较为形象的比喻。电流本身既无所谓利，也无所谓弊。将计算机的电源插头插入插座，就可以开机使用计算机，这时电流就带来了利。但如果你不小心将手指捅进插座，因触电而受伤甚至丧命，那么电流就带来了弊。

这个比喻表明，事物本无利弊之分，而是被人为地赋予了利弊属性，这个属性来自人们的生活阅历。

我们所讲的灵活性是指一个人应当在思考与行动中表现出灵活性。必要多变性定理指出，灵活性最强的个体或系统起主导作用。

要适应环境需要具备哪些性格特质

孩子们可以轻易适应新环境、新事物，简直不费吹灰之力，原因在于他们具备某些品质与性格特质，而成年人丢失了这些品质与性格特质。

成年人要向孩子们借鉴的品质与性格特质如下：

- ◆ 兴奋；
- ◆ 好奇心；
- ◆ 活在当下；
- ◆ 锲而不舍；

◆　思想开明；

◆　凡事不要抱着"试一试"的心态，想做就做；

◆　过去的事就让它过去；

◆　勇于提问；

◆　团结其他小朋友，不对其他小朋友评头论足；

◆　保持良好的习惯，生活主次分明。

　　下文将更为详细地探讨上述一些品质与性格特质，其中，最后一项"保持良好的习惯，生活主次分明"极其重要。这一般是父母对孩子们的硬性要求，如按时睡觉、按时吃饭、饮食均衡、饮水充足。

　　生活中有了这些良好习惯，又能做到主次分明，孩子们的身心就能保持最佳状态，每天都有足够的睡眠时间与锻炼时间，喝足够的水，摄入足够的营养。

　　相比之下，成年人往往做不到主次分明，原因是成年人没有将自己放在首位。我们从不告诫自己"我需要睡眠，我需要饮食均衡"。相反，我们总是想"我要继续工作，我不吃这顿饭了，我要晚睡会儿"。

　　这是一种落后的生活方式。你应当尽可能地照顾好自己，否则你无法以最佳状态工作、生活。

　　开明同样重要。上学时，你无时无刻不在学习，但成年后，我们往往会停下学习的脚步。

取舍之间，我们不再学习。我们看一些电视节目，而不是听专家讲座。我们读虚构的故事，而不学书本上的真知灼见。

这又涉及另一个问题，孩子们不害怕提问。不仅如此，他们会不停地提问，有时甚至会不停地问同一个问题，直到真正理解了这个问题或对这个问题感到无聊为止。

说到团结其他小朋友，孩子们都有这个意愿。他们不会对其他小朋友评头论足。他们只会主动参加其他小朋友的游戏，和其他小朋友一起玩。他们从不担心自己在他人眼中的形象，甚至从未有过这样的想法。

改变因何而起

成年人无时无刻不在影响孩子们。我们通过言传身教，向孩子们传递不安全感与各种恐惧，这种影响往往是无意的，但无意不代表没有影响。

成年人根据社会规范和自身被灌输的信息，以及按照自身的认识，教育孩子们哪些事情可以做，哪些事情不可以做。从此，孩子不再是孩子。

我们可以思考一个情境：一个孩子正在玩自己的玩具，另一个孩子跑过来想要玩他的玩具，这时，成年人要第一个孩子把玩具分享给第二个孩子玩。你是否常常见到这类情境？但一个孩子为何要把自己的玩具分享给其他孩子玩？那是他非常看重的东西。成年人不会因为某个人喜欢自己的汽车，就把汽车分享给他人开，孩子同样如此。

讲到这里，我们又要提到先人后己的行为模式。要求孩子将自己的玩具拱手让给他人时，就是在向他灌输先人后己的思想。

由于成年人是儿童的榜样，因此，你要思考你的言行对孩子有何影响。

保持灵活就能创造机遇

当你就事论事而不以利弊论事时，往往会发现许多机遇。

埃德的故事

最近，我与一位朋友边喝咖啡边闲谈。他告诉我，几天前，他的汽车在回家的路上抛锚了。对大多数人而言，这是一件倒霉事，甚至会造成严重的后果。

然而，我的朋友处之淡然，打电话给汽车修理商后，在等待期间，他发现附近有一座建筑，于是走过去一探究竟，结果发现，以后可以选择这座楼作为新的培训场馆。

这是一个典型事例，它说明遇事灵活、不受负面情绪的干扰，有时可以帮助我们发现机遇。生活不可死板，随着你与生活交手、过招，你会发生改变，生活也会跌宕起伏。因此，遇事要灵活。

哪些因素会剥夺人的适应性

负面情绪

负面情绪可以剥夺人的适应性。当人们对某件事不能释怀时，就会积累负面情绪，直至最后，一件微乎其微的小事就足以使他们无法承受并彻底崩溃。

正因如此，你会发现，有些人对看似微不足道的小事反应过度，因为此前已经发生了许多事，现在到了转折点。

理解人们的思维过程，有助于理解这个问题。人的大脑的记忆功能会将类似事件关联起来。当你对一件事感到愤怒而又不排解这股情绪时，你会带着这股情绪工作、生活。

你的大脑会将这段记忆与其他带有愤怒情绪的记忆关联起来。想象你有一个杯子，专门盛你的愤怒情绪，你向杯中倒入的愤怒情绪越多，里面的愤怒情绪越接近杯口。如果你只向里倒而不向外排，愤怒情绪就会喷涌而出。

当杯中不再有空间时，你也就失去了回旋的余地，无法妥当地应对，只能做出反应。

所以，我们一定要排解因往事产生的负面情绪。

情绪登场时，就是技巧退场时

当情绪登场时，你会发现，人们遇事时只能做出反应而无法妥善应对。人们一旦变得情绪化，其平时习得的一切，无论该做什么，还是该如何做，都被抛诸脑后。

你会陷入这股情绪之中，发泄它，直至它消耗殆尽。

你之所以受这些情绪的干扰，是因为你一直没有排解它们——你一直在积攒情绪。于是，当情绪爆发时，技巧只能甘拜下风。

这时，人们变得行为化，无法理智地进行思考。

想一想那个盛愤怒情绪的杯子。如果我们的一生都在收集这类事件与记忆、积累这些情绪，那么我们迟早会达到转折点，任由愤怒情绪喷涌而出。

然而，在生活中，如果你能及时排解自己的情绪，过去的事情就让它过去，那么遇事时你就能妥善应对，而不仅仅是做出反应。

我做出的是反应，还是应对？这是一个值得反思的问题。如果你只是做出反应，那么你没有掌握决定权，你不是驾车者，而只是乘车者。

◇ 练习：如何排解负面情绪

要排解与一件事有关的负面情绪，就要使这件事失去其原有的意义。你可以通过以下练习排解负面情绪。

回想一件具体的、仍然使你烦恼的事。一定要选择一件具体的事，使你真真切切地感到悲伤、恐惧或愤怒。

回想这件事，同时，在心中描绘出这件事的画面——一幅你置身事外的画面。看着这件事的画面，感受那些负面情绪。

然后，用力将这幅画面推到一边。想象它"嗖"的一声飞到房间的另一侧，一下子落在墙角里。想象这幅画面不断缩小，直至变成一张邮票般大小。

让这幅画面中的一切暗下来，并置身于这幅画面之中，使你能看到自己的后脑勺。再想象将这幅画面固定下来。

然后，感受这段陈旧的记忆有何不同、有何变化。

我们改变了这段记忆的存储方式，所以，与那幅陈旧画面有关的情绪不复存在了。

压力

另一个因素也可以剥夺人的适应性，那就是自我施压。

人们往往怀有一种态度，认为自己总是正确的，无论何时都是如此，错误都是他人犯的。这样一来，我们就无法从自身行为中汲取经验，因而总是重复同一种行为。

如果我们总认为错误都是他人犯的，那么我们就没有掌握决定权，也就无法适应各种情境。

力争完美

许多人认为，完美并非遥不可及。这样一来，我们总是感到自己存在差距，感到失望，或者感到自己还不够努力。

于是，我们常常不敢尝试新事物，因为我们害怕犯错或感到失望。

在我们还很小的时候，就被灌输力争完美的观念。在学校各类考试的训练下，我们的目标总是越定越高。90 分还不够，我们要拿 95 分或 100 分。

当我们取得 90 分时，父母会问，为何没有考 100 分，从而加深了我们力争完美的观念。虽然为人父母是一片好心，想要鼓励子女再接再厉、精益求精，但这样可能会打消子女的积极性，因为他们认为自己无法达到这些期望值。

环境不仅给我们设定不切实际的目标，而且还在不断地提高这些目标。20 年前，最高的分数是 90，而如今是 100。接下来呢？

放过自己

我们应当认识到，过去发生的一切，都是我们利用当时现有的条件能做出的最好的表现。

我们往往为难自己，总是想以前如果这样做或那样做就好了，但这只是事后聪明，因为现在的我们已经从过去汲取了经验，改变了思维。

如果回到当初那个情境，我们掌握的条件还是曾经的条件，那么我们还会做出同样的决定、同样的行为，因为这就是我们利用当时现有的条件能做出的最好的表现。这是一个学习的过程。

同时，我们还应当放过他人。不要忘记，人是参差多态的，环境灌输给我们的信息因人而异。面对一个情境，我们的视角由我们的世界观决定。

即便我们的价值观与他人类似，我们的信息过滤标准也与他人的不同，导致我们与他人的视角不同。我们不应指望他人的言行与我们的一致，因为他人与我们不同。我们不应指望他人做出这样或那样的行为。

此外，我们不应根据他人的世界观来评判他人。人们常常告诫彼此，朋友之间莫谈政治、宗教、子女，因为一旦话不投机就会失和。

但如果我们与朋友都是成熟的人，都能够把握自己的情绪，那么我们为何不能心平气和地探讨这些话题？人是参差多态的，我们应当接受这一点，并表现出灵活性。

◇ 练习：适应各种情境的关键

你可以通过下述问题审视自己的思想观念，找出哪些方法适合你。

◆ 你能否控制自己的情绪？

◆ 因为较真儿会导致分歧，所以当一个情境涉及他人时，你能否避免较真儿？你应当探究分歧背后的原因。有时双方的观点相通，只是表述不同，但殊途同归。

◆ 你采取某个立场时，背后有何原因？是否受情绪的驱使？能否换一种方式，达成同一目标？不要忘记，你的适应性越强，越容易在双赢的条件下达成目标。

◆ 他人的言行是否让你烦恼？不要忘记，那是他人的心结，不应是你的心结。

◆ 你是否心存怨恨，或者对负面情绪不能释怀？不要忘记，你这样做只会伤害自己。心怀怨恨会导致身体不适，受到负面影响的只有你自己。

做个小孩

孩子们的适应性很强，他们面对新情境时，总能想办法融入其中。

此外，孩子们总是以字面意思理解各种情境，他们不会以利弊论事，事物无所谓利，也无所谓弊。

回顾本章先前列出的各种品质与性格特质，思考如何在生活中培养这些品质与性格特质，提高自己的适应性。此外，不要忘记"把自己放在首位"的观念。保持良好的习惯，生活主次分明，使自己的身心处于最佳状态。

第 13 章

耍手腕的艺术

耍手腕是一门艺术，孩子们为了达到目的，时刻在实践这门艺术，但他们会采取正面的方式。随着不断成长，他们很快就会发现家人中哪个好说话、易通融，可以任由他们摆布以达到自己的目的。

孩子们耍手腕时，成年人往往是知情的，但他们不愿拒绝，因为他们也想让孩子幸福。孩子们央求我们时，我们真的很难拒绝。

但问题在于，我们可能会养成一个习惯，口中答应的同时，心中却在想"我真不想答应"。

我们并非建议读者以孩子们的方式耍手腕。孩子们耍手腕是为了达到自己的目的，结果往往是"我赢你输"。

作为成年人，我们应当挖掘这项潜力，在生活中营造双赢的结局。

本章不仅会探讨如何以正面的方式耍手腕，而且还会分析如何辨认他人是否对你耍手腕，何时拒绝他人及如何拒绝。

如果答应一件事会阻碍我们做自己看重的事，那么我们应予以拒绝。

如何定义耍手腕

"耍手腕"（manipulation）这个词往往含有贬义，但不要忘记，贬义是人为赋予的。这个词的使用语境一般是为人处世采取不正当的方法。

但在另一种语境下，它还可以指医生为患者正骨（manipulation 除含有耍手腕、操纵的意思之外，还含有正骨、推拿的意思）。医生实施正骨是治病救人，此时这个词是褒义的。

细想起来，我们每次与他人交谈时，其实都在耍手腕，因为我们想方设法地让他人接受我们的观点或想法。

我们要考虑耍手腕背后的意图。事实上，将其视为"影响"而不是"耍手腕"，更利于理解。当以这个视角看问题时，就产生了新境界。

能够影响他人是获得成功的一种方法。能在各种情境中影响他人、实现双赢，是人生取得成功的关键。在一个情境中，最重要的是，当你影响他人时是何用意。你不仅要考虑自己，也要考虑情境中的他人。

本章将详细探讨如何通过"影响他人"这门艺术，将自己放在首位。这意味着你不再有求必应、唯命是从，而应拒绝对你无益的事。

你为何从不拒绝他人

一些人难以拒绝他人，他们给自己造成各种困境，如在公司承担过多的工作。对这些人而言，从不拒绝他人、总是取悦他人、不将自己放在首位是他们成长过程中受到的教育。

这又涉及"社会角色限定"这个概念：你被赋予的角色不是索取者，而是付出者或养育者。这是取悦他人的一种模式。

从不拒绝任何事，有时会让你产生很大的压力。请你思考其中的根源问题是什么。你为何不愿拒绝他人？是否因为你感到内疚？如果你能找出自己总是迁就他人的真正原因，那么今后你就可以将它记在心中。不要忘记第 5 章中的练习——说"不"的力量。如果你事事答应他人，那么请重温这项练习。

马克的故事

我的父母养育了 7 个子女。在我们的成长过程中，母亲总是将我们放在首位，并以此解释为何她自己的人生缺少满足感。

虽然她总是抱怨，但她总是想方设法地取悦我们与父亲。她总是对我们说，她想要开一间花店，但为了照料我们，她无法实现这个心愿。

于是，她的生活一直存在遗憾。这个现象常见于为人父母者中。他们常常出于责任感，违背自己的意愿生活，但当他们步入老年并回首一生时，又会对年轻时所做的取舍感到悔恨。

这样的成长环境并不幸福，因为我们的身边总有人对生活不满意。尽管我们没有明确地意识到这件事，但它确实存在。

我记得，母亲抱怨为我们做出牺牲的事，已经沦为家里的笑柄。我甚至记得，她上了年纪后，有一次我对她说："这样吧，妈妈，要是你想开一间花店，现在你可以去开了。"她说："不行了，我已经老了。"

关于母亲为我们做出牺牲的话题，还有一件事，那就是她总希望获得某种回报。她希望管着我们，对我们的生活有话语权。

我记得年轻时，如果母亲对我的女友看不顺眼，就会处处刁难她。对于我们的生活，她常常加以干涉，其实这不过是多此一举，只是因为她觉得自己有话语权。

她总是自顾自地摆出一种态度，指望获得家人的回报。我曾经称之为"向银行要积分"。

而我也总是心甘情愿地迁就她，顺应她的心意。有时，我会迎合她的愿望，只为给她一些"银行积分"。

———————— ★ ————————

如何判断你是否过于迁就他人

如果你已经形成了处处迁就他人的行为模式，那么迹象之一是你总在寻找外部认可。

请你思考以下问题：当你较好地完成一项任务时，你自己是否知道？是否需要他人给予你某种外部认可才知道这一点？

如果你需要外部认可，那么你可能已经发展到处处迁就他人的阶段，因为你想要他人告诉你，你表现良好。

可以不拒绝，但理由要充分

若从"影响他人"的视角看这个问题，那么最妥当的付出方式是不指望回报地付出。

无论时间，还是金钱或其他物质，都应当无条件地付出。我们可以不拒绝他人，但要有正面的理由：不拒绝他人是因为你想做这件事，而不是因为受某些思想观念或显意识之外某些因素的驱使。

当你不拒绝他人时，一定要有充分的理由，而且要无条件地付出。

如果你觉得自己总是因为意识之外的因素无法拒绝他人，那么请做以下练习，使这些因素在意识中现形。你可以通过这种方法改变对自己无益的观念。

✧ 练习：如何拒绝他人

在你当前所做的事中，哪些是你不情愿做或你感到责任所在、不得不做的事，把它们都写下来。把符合上述描述的每件事都写下来，即便你感到内疚，也要写下来。例如，抚育子女，长期负责做饭或做家务，与朋友外出喝咖啡时总由你买单，等等。

列出这份清单只是你改变现状的第一步。通过这个过程，使所有问题在意识中现形。

要认识到，改变现状不可能一蹴而就。你也许会感受到一股冲动，想要即刻行动起来，自己的态度发生 180 度的转变，令身边的人大惑不解。

这样做可能会产生争吵与冲突，因为在他人眼中，你突然没来由地宣布不愿做这或不再做那，着实让人无法理解。

我们提倡的是循序渐进式的改变，而不是暴风骤雨式的改变。

寻求双赢的方式

双赢这个概念的理论基础来自生态学，这是一门研究后果的学问，简而言之，每种作用都会产生一种等同而对立的反作用。

我们希望你在实现双赢的条件下改变现状。也就是说，在你的各种关系构成的生态圈中，当你做出改变时，应当尽可能少地影响这个生态圈。

在采取行动时，你应当考虑结果，它可能有益于你、你最亲近的人、家人、你所在的城市、国家，甚至这颗星球。

　　无论采取哪种行动，可能都存在三种执行方式：一是我赢你输，这往往是行使威权的方式；二是我输你赢，这往往是自我折磨的方式，因为你忽视了自身需求，对自身造成了伤害；三是双赢。

　　在寻求双赢的方式时，你要思考"我如何赢，你又如何赢"。

不寻求双赢就没有赢家

　　有一个事例可以作为本章所阐述道理的反例，它表明不寻求双赢，就没有赢家。这个事例就是 20 世纪 80 年代与 90 年代英国养牛场爆发的疯牛病。

　　当时，各大超市对养殖户实施"我赢你输"的政策。他们不断压价，养殖户承受巨大的压力。为了"赢"，养殖户开始寻找偷工减料的养牛方法。他们在饲料上做文章，采用低质饲料，致使英国养牛场爆发牛海绵状脑病，又称疯牛病，这是一种奶牛神经系统疾病。

　　当时，数千头牲口感染了疯牛病，而且还有人在食用染病牛肉后感染了疯牛病的变异病毒。

　　也就是说，养殖户想对消费者采取"我赢你输"的策略，但结果导致各方利益受损。

　　消费者不敢购买牛肉，英国的牛肉一连多年禁止出口，超市只能以高价从国外进口牛肉。各方都沦为输家。

能适应才能双赢

双赢是真正的平衡，但想要获得双赢，就要具备适应性。

马克的故事

那天，我和一个人讨论在哪打印文件的问题。我选择本地打印店，这样做费用略高，但这是我权衡后做出的决定，因为本地打印店的服务非常好。

在这个情境中，本地打印店也是赢家，因为作为客户，我宁可承担略高的费用，也要选择他们。

如果每个人都选择双赢的生活方式，那么世界会更美好。

如何多拒绝、常拒绝

我们在前文给出了练习，让你写下你不情愿做的事及你感到责任所在、不得不做的事。此外，前文还提到，贸然做出改变可能会伤害你的各种关系，扰乱你的"生态圈"。

如何才能达到"多拒绝、常拒绝"的境界呢？

要改变现状，先要从简单处着手

认真阅读你的清单，哪项改变最简单，就从哪项着手。注意不要将自己的问题转嫁给他人。

例如，在过去 40 年间，在家里一直由你负责打扫卫生，如果你突然对配偶说，今后由他分担一半家务，那么这会让他难以接受。

这项改变的目的是，腾出时间做你喜欢做的事，而不是将包袱甩给他人，否则会产生各种争吵。

循序渐进地打破既有模式

在改变一项长期习惯时，为了不使身边的人难以接受，要留出一段过渡期。

你应缓缓地改变现状，使他人逐渐产生新的预期。你可以思考如何循序渐进地打破既有模式。例如，如果你总是与一位朋友一起参加培训，那么你的朋友可能对你产生了预期，认为他会在培训班见到你。你们会不约而同地出现在培训班。在这个情境下，为了打破既有模式，你需要提前开始准备。你可以告诉这位朋友，由于另有安排，你无法参加两周后的培训。你还可以找其他人与这位朋友一起参加培训。然后，你就可以逐渐减少参加培训的次数，直至完全打破既有模式。

这个过程的关键在于，尽早让他人做好心理准备。这样你才能有条不紊地完成转变。如果事到临头才告诉他人，那么对方会在惊异之余，做出情绪化的反应。

如果你不想再参加培训，而且一连数月都将这个想法憋在心中，直至有一天在对方没有心理准备的情况下，突然将这个想法脱口而出，那么效果一定不理想。

如何化解内疚心理

当你因拒绝他人而感到内疚时，要探究内疚感背后的原因。

内疚感往往是毫无根据的。我们迫使自己产生内疚感，但他人并不希望我们出于内疚而给予帮助，所以，诚实地与自己对话就可以化解心中的内疚，因为你会发现，其实没有什么可内疚的。

内疚感往往源自个人的原则，所以我们应当探究在内疚感的背后究竟隐藏了哪些原则。这些原则往往是我们成长过程中被灌输的一些思想观念和我们的行为规范。

成年人应当重新审视，甚至重新制定这些行为规范。这些规范对孩子也许适用，但你已长大成人，它们是否依然适用呢？

如何给生活"修枝剪叶"

将自己放在首位，多拒绝他人，其目的在于为你想做的事腾出更多时间。

审视生活的其他方面，腾出更多时间。是否可以在网上购物？是否可以聘请家政服务师或园艺师？是否可以选择就近上班，减少通勤时间？是否可以改做兼职，减少上班时间？

在上述多个情境中，需要你做出取舍，而且往往是个人经济上的取舍，但如果生活不如意，你就要改变现状，使生活更加如意。

❧ 妮基的故事

下面是一名学员的事例，它表明，将自己放在首位并运用影响他人的这门艺术，可以给生活带来正面变化。

这名学员一直将家庭放在首位，却给家人造成了烦恼，因为她的做法牺牲了自己。她感到不幸福，于是，她常常对孩子们大喊大叫，与丈夫的关系也不融洽，因为她心存怨恨。

她没有做她看重的事。

后来，她参加了我们的一门课程，又自己做教练与我们一起开课。她认识到，她的丈夫并未期望她为他及整个家庭完全牺牲自己。

实际上，她的丈夫非常配合她，也非常支持她。她认识到这一点后，内疚感随之消失。工作上，她又得到了升职和加薪的机会，从此，她开始有意识地生活。

最近，她发来消息说，她换了一份新工作，她感到很幸福，她的丈夫也感到很幸福，孩子们同样感到很幸福。此外，她的健康状况也改善了，体形也更加健美，因为她重新回到健身房锻炼。这一切都是因为她做了自己看重的事。

这产生了连锁反应。如果你在某个方面取得了成功，那么在其他方面也会取得成功；如果你在某个方面遭遇挫折，那么在其他方面也会遭遇挫折。

做个小孩

在做出重大改变时，我们可能需要与他人进行沟通，如收入减少时可能需要与配偶沟通。继续以正面的方式发挥孩提时代的品质，运用影响他人这门艺术。

寻求双赢的结果及办法。

第 14 章

被遗忘的梦想

童年时期，你拥有哪些梦想？长大后，你做了哪些妥协？孩提时代，哪些事让你感到开心？

对上述三个问题思考片刻。童年时期，你爱做的活动、爱看的电影、爱听的音乐具有神奇的力量，可以帮助你找回幸福的状态，并将其牢牢地掌握在手中。在我们所采访的孩子中，有一个想要做全世界最火的视频博主——这个梦想是否可以激励你呢？

随着不断成长，我们越发忙碌，每一天都是挑战，我们深陷其中。待办事项无穷无尽，看不到尽头。

最顾不上的事正是我们最想做的事，这些事永远排在最后，即便这些是为自己做的事，也是如此。

本章将探讨如何通过童年时期的爱好唤醒童心，重拾被遗忘的梦想并获得幸福。

世界充满了各种可能性

童心因人而异，你唤醒的童心只属于你自己。它可能是一个爱好，如演奏一种乐器或参加一项体育活动，只要是童年时期你爱做的事就行。当你回首并重温这些事时，会释放出一种神奇的力量。你可以唤醒你的童心和内心深处的自我。

童年梦想的背后总有一些宝贵的品质，但成年后的我们常常疏远这些品质，同时在自身以外寻找幸福。

唤醒童心后，我们首先要回忆这些梦想及看重它们的原因，然后为这些梦想赋予新的元素，以便在现在的生活中予以实现。

我们为何不再追求梦想

人们遗忘梦想的原因之一是从环境中接受了新观念。这些新观念多来自社会，具体而言，也许来自父母，也许来自老师。他们想让我们平安地度过一生，不想让我们经历大风大浪。他们认为这是为我们好。

然而，最要不得的莫过于拦着孩子们，不许他们做这、做那。成年人会问孩子："你真的想做这件事吗""万一行不通，怎么办"或"我要是你，就不会这样做"。成年人说的这些话会打消孩子的一切热情、激情与积极性。

于是，年龄越大，我们越不愿冒险、追求梦想，也就越来越循规蹈矩。这一切都是因为，当初我们崭露头角、出类拔萃时，身边的人向我们泼了冷水。

一开始，我们的所思所想都是自己向往的事。那时，我们一心想要实现自己的心愿，做自己想做的事。

时光荏苒，我们为生活所累。我们所想的不再是自己想做什么，而是需要做什么，如何生存、熬日子。

不知不觉地，我们开始妥协。生活中的事物不再是我们想要的，甚至不再是我们需要的。

梦想与心愿的"坟墓"

大多数人的梦想及他们的真正心愿都葬在"坟墓"中。在这座梦想与心愿的"坟墓"中，我们会发现未创作的书、未谱写的曲、未演奏的乐器与未创办的公司……

这些梦想与心愿之所以葬于"坟墓"中，往往是因为我们害怕迈出第一步。

为了不采取行动，我们会找各种借口。我们会说，"现在我不能做这件事，因为……"，但是，说自己"不能"，会削弱我们的内心力量。如果我们说自己不能做某件事，就意味着自己了解做这件事的过程。说自己不能做这、做那，就意味着只能活在他人创造的世界中，而不能亲手创造自己的世界。这表明，我们具有束缚性观念。

人们会说，"有朝一日……我就会做这件事"。例如，有朝一日减肥成功，有朝一日离开丈夫，有朝一日闲下来，等等。这完全是谬论，因为这些事也许永远不会发生。有朝一日，不如就在今朝。

人们还说，他们会"试一试"，但如前文所述，这意味着预见失败。也就是说，你还未启程，梦想就已经葬入"坟墓"中。

我们应当审视自己的束缚性观念并思考现实中究竟有何阻力，否则，我们只能安于现状，对生活不满，活在那座埋葬着梦想与心愿的"坟墓"中。

可能性与必要性

当观察孩子们时，你会发现，他们的生活充满了无限可能。他们的每一个梦想都植根于无限可能的土壤中。

当我们问一个孩子长大后想做什么，他也许会说想成为一名宇航员、芭蕾舞演员或足球运动员。他不需要考虑有没有装备，有没有经过训练，也不用想在哪里生活。他不会像成年人一样束缚自己的梦想。

成年人会劝自己放弃各种心愿。成年人的生活充满了各种"必要性"，他们无时无刻不在思考必须做哪些事，从而葬送了自己的梦想。

他们忽视了自己的梦想，因为他们忙于各种必须做的事，周而复始，欲罢不能。他们必须努力学习，找体面的工作，买大房子，娶妻生子，将孩子们送入重点学校，目的是让孩子们努力学习，找体面的工作……如此往复。

同时，成年人告诫自己，这些事非常重要，但问题在于，相比之下，其他一切都退居次要位置。

如果你看重这些必须做的事，如购房、为子女安排优质教学资源等，那么你的梦想与心愿都要为之让位。

成年人总是期盼生活变得轻松些，然后再去追求梦想，但生活迟迟无法变得轻松，于是他们开始期盼退休。问题在于，当我们退休时，韶华已逝。

追求确定性

成年人都在追求确定性。他们希望未来发生的一切都是确定的，但要想追逐梦想，常常要像孩子们一样活在各种变数中。追逐确定性会扼杀创造性，更会扼杀心愿与梦想。

此外，成年人过于严肃。他们过着严肃的生活，相比之下，孩子们拥有乐趣，他们想做什么就做什么。过于严肃，就会对心愿与梦想无动于衷。

关键在于，成年人努力寻找的确定性根本不存在。人生充满了变数，这是由生命的本质所决定的。没有人能够预知未来。想要掌控未来是有违常识且不合情理的。

当然，这并不是说我们应当抛下所有责任，潇洒走一回，而是说我们应该唤醒童心，拥抱梦想及其无限可能，可以在履行成年人责任的同时，过更有益、更满意、更知足的生活。

如何唤醒童心

首先我们要思考，多年来，哪些事淡出了我们的生活。许多人从早到晚的生活一刻不得闲。

我们的生活中很有可能充斥着各种必须做的事，以致忘了自己的梦想。

我们不会清理自己的大脑，只要有些许时间，就会看电视、听广播或玩手机。如果我们将这些时间还给大脑，就能唤醒童心。

为了保留更多的空闲时间，你可以遵循上一章提出的有关为生活"修枝剪叶"的建议。

当腾出时间后，你要思考自己看重哪些事，然后利用腾出的时间去做这些事，利用这些时间唤醒童心。什么让你情不自禁地哼唱小曲、让你真切地感到自己还活着就要去做。

具体做什么，因人而异。如果你不确定自己想做什么，就回想过去的心愿。也许你的童年心愿是成为一位芭蕾舞演员。那么，对成年人而言，这意味着你要去参加舞蹈课。

也许你曾想成为一名海豚驯养师，这表明你喜爱动物。那么，你需要重拾梦想，并挖掘其内涵。

✧ 练习：唤醒童心与遗忘的梦想

在做这项练习时，你应当注意：要想找回遗忘的梦想，先要唤醒童心，否则只会又列出一份平生心愿清单。

在做这项练习时，不要勉强。你越勉强，就会越有意识地去做，这样只会适得其反。我们建议你拿出几周的时间做这项练习，因为你可能需要时间为自己重新灌输思想或观念。这项练习的关键是重新开始做白日梦。

首先，买一个普通的笔记本，然后按自己的心意装饰它的封皮，你可以用各种贴纸、闪光片，或者给它包个书皮。重要的不是如何装饰它，而是为它增添一些心仪的元素，使它专属于你自己。这是唤醒童心的第一步。

如果你觉得自己没有时间装饰笔记本，想直接买一个漂亮的笔记本，或者觉得装饰笔记本的做法太傻、太孩子气，那么你就没有理解这项练习的用意。

装饰笔记本的用意在于帮助你酝酿情绪，以进入合适的心理状态。

其次，在一天中留出时间独处、思考，只需要 10 ～ 15 分钟，可以视个人喜好延长时间。你可以散步，也可以在午休时找一个安静的地方，或者只是将电视机关掉并在家中坐着。重要的是无须与人交谈，周围也没有噪声，你独自一人想事情。

一些人觉得这项练习特别怪异，也不知道究竟要想什么事情。

下面的一些建议可以帮助你迈出第一步，让大脑自由发挥。

- 小时候，你喜欢参加哪些活动？这些活动的哪一点让你喜欢？

- 小时候，你的一些梦想可能会在成长过程中被遗忘，这些梦想是什么？

- 如果金钱不构成障碍，你可以随心所欲，那么你会做什么事？这件事的哪一点让你喜欢？你喜欢的往往不是这件事本身，而是它对你的象征意义。

- 如果现在你可以为自己放一天假，你会做什么？你认为必须做的事不包括在内。

- 有哪些业余爱好或活动你总想做，但一直没做？或者你曾做过，但后来放弃了？

- 有哪些事你想多花些时间做？如烘焙、素描、填字游戏、读书或户外散步。

- 如果你得知自己的生命只剩一年的时间，那么你会用这些时间做些什么？

将所有答案写在笔记本中。你想以哪种方式写，就以哪种方式写，甚至可以通过其他表达方式代替书写，如画几幅图、使用符号，甚至贴几张杂志上的图片。你选择哪种表达方式都可以，因为一切内容都是传达给你自己的。

这项练习做得越多，你越会感到得心应手，越能发挥创造性。

这是一个过程，慢慢来，品味其中的快乐。不要将这项练习视为必须做的事，不要急于求成。

在唤醒童心、找回被遗忘的梦想后，你要付诸行动，将其融入日常生活，否则，这些梦想只会得而复失。

做个小孩

孩子们会欣然接纳不确定性，他们的生活充满了无限可能。他们想做什么就做什么，而且从不在方式、方法上自缚手脚，更没有必须做的事。

唤醒童心，就可以重燃心中的火花，让沉寂的激情迸发。

不要忘记，无论生活如何不堪，无论童心如何沉睡，希望始终都在，未来终会不同。这是下一篇我们将探讨的话题。

紧紧抓住梦想，因为梦想若是消亡，生命就像鸟儿折了翅膀，再也不能飞翔。

——兰斯顿·休斯（Langston Hughes）

第五篇

隧道的尽头是光芒

（而不是另一班列车）

本篇的主题是希望常在。每当你即将摆脱困境时，都可以说"隧道的尽头是光芒"。你觉得问题仿佛就要得到解决，因为你看到了那束光。

然而，有光的地方并不一定是尽头，对面驶来的列车也会发出亮光，所以，虽然隧道尽头是光芒，但当你循着它前行时，也许还会遭遇其他问题，如各种美好的幻觉，你应当接受这一点。同时，也许你不需要抵达隧道尽头、看到那束光，也许沿途会有意想不到的收获。

人们常常觉得生活看不到出路。他们想先看到目的地再启程，于是便一直等，但生活不是一个目的地，而是一场旅程。只有启程，才能不断前进；只有不断前进，才有希望。

一旦启程，你就会积累宝贵的财富。这不仅是为了抵达隧道尽头，而且是为了培养韧性，使你不被"美好的幻觉"所击垮。

你还应记得，启程后才能看到目的地。你要走很久它才会出现。

也许，甚至有几条路可供你选择，但路没有对错之分，只是各有不同，你要做出取舍。

人们常说，"我要规划好自己的人生。"仿佛他们只等着确定一个目的地、一个结局。

但启程后，你依然可以改变心意，这并非不可。进入隧道、转错弯，甚至钻入死胡同，你仍然可以体会其中的快乐。

当走"错"路时，你可以体会探索的乐趣，因为路没有对错之分，它只是另一条路，你探索了它，它是旅程的一部分。你会有所收获，并带着收获进入旅程的下一阶段。

每个人回首过去都能想起一些往事，在当时的你看来，那些仿佛是失败或痛苦的经历，或者就是行不通。但你是否会想，"那次失败真惨痛，但如果没有那次失败，我就不会获得这些经验。有了这些经验，我就能做后面的这些事。"

即便是痛苦的经历，在事后的反思中也会散发光芒，因为你发现，没有这些经历，就没有今天的你。

孩子们不会如此沉迷于"目的地"的概念。当观察他们的行为时你会发现，他们享受沿途的风景。有时，山回路转，遇到阻难，但他们从不会失去希望，他们相信前方会更美好。他们会继续前进。他们不会等待隧道尽头出现光芒才进入隧道——隧道本身就足以让他们激动，他们想要一探究竟，看它通向何方。

即使我们长大成人，照样能做出改变。

每个人都熟悉这句话："一个人的年龄越大，就越难改变。"然而，这句话并没有道理。能否改变现状与年龄无关，能阻挠改变的只有你自己。

一个人改变与否，我们无权干涉。如果人们不愿改变生活现状，并无不可，但本书希望读者认识到，只要你有意愿，改变就可行。

一旦你认识到改变是可行的，那么你的内心就会感到强大。你要认识到，保持现状是你自己的选择。如果你觉得看不到出路，而且没有选择的余地，那么你就不是生活的驾车者。

无论你眼中的生活现状如何，只要你想改变它，那么你就是本篇的目标读者。你手握着生活的主导权，而且也许你不知道，你追求的目标其实离你很近。关键在于，你要整理自己已掌握的宝贵财富，培养韧性，无论哪个方向，要想方设法地前进。隧道尽头是光芒，而不是另一班列车。

第 15 章

老妈最懂

在你成长的过程中，妈妈（与爸爸）一定对你讲过一些道理，当时你不以为然。这些道理为人父母者都能脱口而出，你也耳熟能详，但你有所不知，妈妈讲的许多道理都有其合理性。

本章将带领你回忆一些有趣的道理，想必你也会记起一些类似的话。

年幼时，我们往往对这些道理不屑一顾，现在，当以成年人的视角回顾它们时，会另有一番趣味。你会发现，它们能够鼓舞你前进。

我们写本章的用意不是回顾过去，不是因未听从长辈的教诲而自责，也不是将自己生活现状的责任推卸给他人，而是利用过去获得的宝贵财富创造美好的未来。

"没有做不成的事"

虽然这句话可能让孩子心生埋怨，但它能为人们的内心赋予力量，当理解这一点时，这句话会产生巨大的裨益。

成年后，你开始明白，当说"做不成这件事"时，你一定了解要做什么，否则你不会知道自己做不成这件事。所以，更妥当的心态是，你决定不做这件事，而不是做不成这件事。

当你说自己做不成这件事时，便堵住了自己的出路，最终沦为乘车者。一旦你认识到自己始终有选择的余地，你就重新掌握了决定权并成为驾车者。

办法总是有的。然而，当你的潜意识思维听到"做不成"这三个字时，它就会设置障碍，阻挠你取得成功。

请你回想童年时期父母为何对你讲这个道理，他们很有可能在鼓励你不要受思维观念的束缚。

"上学的日子是人生最美好的时光"

我们认为，上学的日子未必是人生最美好的时光。对许多人而言，学校生活并不惬意。

然而，细究起来，这句话强调的不是校园生活的客观环境，而是上学期间的主观心态。

特别是刚刚进入校园的那几年，你对周围世界充满了敬畏，无论做什么，都怀着孩子特有的兴奋心情，以及由生活中无限可能所激发的快乐。

在学校读书时，你的肩头没有沉甸甸的世界，你还没有丢失与生俱来的宝贵品质，你的学习效率更高，因为你没有将问题复杂化并将自己压垮。

3 ～ 5 岁是人们保持本真的年龄段，在这个年龄段，环境、社会与生活中重要他人的影响还没有开始显现。即便你再大一些，只要还在学校读书，你与自己的本真之间的距离仍然比 20 多岁或 30 岁时要近得多。

妮基的故事

现在的未成年人受环境影响、失去创造性的现象呈幼龄化趋势。

我甚至可以在我的孙女身上观察到这个现象。在她 5 岁生日当天，我带她外出吃午餐。我们坐在餐馆里时，我递给她一张涂色卡与几支蜡笔。

以前我带她出门时，她会按自己的心意为各种图画涂色，但那一次她说："奶奶，我应该涂什么颜色？我应当给生菜涂成绿色，对吗？"我说："杰西卡，你想涂什么颜色就可以涂什么颜色。"她回答道："是的，但是，那不是它应该有的颜色，对吗？"

一个 5 岁小女孩就已经被灌输了"何为应该、何为不应该"的思想观念。

我们要挖掘 3 ～ 5 岁儿童的思维模式。在这个年龄段，人们保持着自己的本真，不受任何束缚。

"愿望多了成不了，碗筷多了洗不完"

这句话蕴含的道理是，人们不能仅抱有愿望，而要将愿望付诸行动。你的愿望也许无比真诚，但仅凭愿望不会换来结果。你不会有收获，因为愿望不是行动。坐在沙发上，妄想不劳而获，只会陷入无所作为的死循环。

"盼着盼着，你就长大了"

你是否还记得，小时候盼望一件事时的兴奋心情，如盼望生日、假期到来？

你左等右盼、坐卧不安，那一天就是不来。也许，所有人都曾期盼时间过得快些、再快些，后来大人们说："盼着盼着，你就长大了。"对此，你不以为然。

成年后，你有了不同的看法，因为随着年龄的增长，时间的步伐似乎加快了。

当活在期盼中时，还有另一个问题：你无法享受当下。这时，如前文所述，如果你缺少方法与技巧，无法控制自己的情绪，那么压力与焦虑感就会乘虚而入，因为在那一刻，你要么活在过去，要么活在未来。

相反，当你活得真实、享受当下时，就会感到轻松，远离压力。

此外，这句话还有另一层内涵，小时候我们没有领会在吹灭生日蜡烛或看到流星时，无论我们许下多少愿望，如果不付诸行动，这些愿望就只是愿望而已。

所以，这句话的道理是，要树立正确的心态，采取适当的行动，将愿望变为现实。

"重要的不是过去，而是未来"

马克的母亲常说这句话。这句话非常在理，成年人应重温这个道理，当因犯错而感到后悔、内疚时，更是如此。

当我们从过去的经历中总结经验、汲取教训，并将这些经验与教训作为未来的宝贵财富时，就会对过去形成完全不同的认识。

这句话蕴含的另一个道理是，摆脱"追求完美"的观念。你不完美，我们不完美，每个人都不完美。

当你不再纠结于过去时，就不会再推卸责任；当你不再为过去忧虑时，就会重新掌握决定权。人们无法改变过去，但可以根据过去改变当下。

所以，放过自己。利用经验与教训创造你向往的未来。

"不会说话，就别说话"

这句话是指所有人都在现有条件的基础上尽力而为。树立这样的世界观，有助于你妥善处理各种情境。

在处境尴尬或他人的话不中听时，你不要介怀。你可以利用片刻时间考虑如何回应，并思考以下问题：我的回应方式是否礼貌？是否有益？是否妥当？是否有利于缓解矛盾？是否可以安慰他人？是否可以安慰自己？能否产生双赢的结局？如果这些问题的答案不全是肯定的，那么不要以那种方式回应。

如果你坚持以那种方式回应，那么结果无非是火上浇油，给自己增添烦恼。你会感到愤怒、紧张、不安，对自己造成负面影响。

其实，对方已经尽力了，而且对方的言行是他们的问题，不是你的问题。当你接受这一点时，就可以像大多数孩子一样为人处世，不纠结、不在意。

这句话还蕴含另一个道理：不要认为他人的意见比你的意见更有价值。他人的意见来自他们的世界观。你不了解他们的世界观，他们也不了解你的世界观。

还有一句话与此相关，"己所不欲，勿施于人"。如果我们以这项原则为人处世，会将自己的世界观强加给所有人，所以，应当是"人所不欲，勿施于人"。

为此，我们应当假设每个人都已尽力而为，而且应认识到他人与我们的视角不同。

埃德的故事

我的儿子杰克今年16岁，我和他展开了一番谈话，我对他讲如何从他人的视角看问题。

事情经过是这样的：老师给我发了一封电子邮件，说杰克与其他几名同学在复习课上不遵守课堂纪律。她说，他们不专心听讲、吃零食，这些表现不符合课堂要求。

在邮件的末尾，她解释说带复习课并没有报酬。她利用两天休息日帮学生们复习功课，此外，备课还需要一天的时间。最后她说，"我投入三天的个人休息时间，而且没有报酬，但换来的是这样的结果。"

我和杰克谈了这件事，他的第一反应是老师小题大做。他说，那天他们已经上了一天的课，他感到很疲倦，于是就和同学说笑了几句。

我将邮件中的内容透露给他并告诉他，老师放弃自己的休息时间帮他们复习功课。老师做出牺牲，对他们的唯一要求就是上课时专心听讲。

在理解了老师的苦心后，他的态度发生了转变。他知道并不是老师过于苛刻，而且也理解老师为何对他们的表现不满。

———★———

"车到山前必有路，船到桥头自然直"

这句话非常在理，它提醒我们一个常见现象：事未临头，人们就担心失败。这又涉及前文探讨的话题——过度思考。

与其担心潜在的坏结果，不如专注于每件事并朝着你想要的方向发展。为了达成这个目标，你要在力所能及的范围内想尽办法。做到这一点后，就由它去吧，因为你已经尽力了。

这句话蕴含的另一个道理：虽然你无法左右外部因素，但你掌握着宝贵的财富，无论出现什么困难，你都能够应对。车到山前必有路。

"有志者，事竟成"

当一件事足够重要时，你一定会想方设法地取得成功。当一件事不重要时，不要找借口，而要诚实地对他人讲这件事不适合你做。

不要说做不了某件事，而要思考"如何做成这件事"。然后，你就会采取必要的行动。

如果你需要他人的帮助，那么就去求助。不要假设他人会拒绝。当真正开口时，你会得到他人的帮助。

马克、妮基与埃德的故事

"有志者，事竟成"这句话概括了本书的创作过程。我们首次提出要合著一本书是几年前。

那时，我们一致认同这个想法，但当时手头事务繁杂，我们总是说找时间见面或电话沟通，但我们一直没能兑现约定。

直至有一天，我们一同说"这是一个好想法，我们应当行动起来"，我们才坐下来并着手准备。我们在创作本书期间可能是我们最忙碌的时候，但我们仍然想方设法地创造条件，抽时间写作。

当我们将某件事视为一件大事时，顿时就能为它腾出时间。有志者，事竟成。

◆━━━★━━━◆

你必须先让事情变得重要。他人认为你应当制定哪些目标并不重要。哪些事能激发正面情绪、哪些事能让你兴奋，就专注于哪些事。这样你就会想方设法地成功。此外，这句话还蕴含另一个道理：你要清楚自己何时需要寻求外界的帮助。你可以求助教练、导师或曾有类似经历的人。借助外力是有志者成事的方法之一。

"人这辈子，只有自己靠得住"

与之类似的一句话是"要满意，就要亲力亲为"。

这两句话都蕴含同一个道理：对你最好的人是你自己。你对自己的人生是否满意是你自己的责任，感到不满意时，也不要推卸责任。

然而，对自己负责、做驾车者是一回事，需要帮助而不求助是另一回事，二者存在区别。所以，如果在工作中任务过多、独自应对不来，或者缺少某些技能，那么你就应该向他人求助。

这句话还蕴含另一个道理：你能掌控的只有你自己及你所

尽的绵薄之力，并且要接受这一点。在某些情境下，如为人父母时，要放手让孩子做他该做的事。

你无法左右他人，并且要接受这一点，但对于不满意的地方，你可以与他人诚实地沟通。这也许无法改变局面，但至少你做了自己该做的事。这句话的意思不是指责他人或推卸责任，而是告诉你，真正理解你、懂得你如何为人处世的只有你自己。它的意义在于你要承担责任，同时还要认识到，你所做的决定是在当时的条件下最好的结果。

如果你认为他人的能力不如你，那么不要忘记，除非你帮助他们提高，否则他们永远无法提高。他们只能利用现有条件尽力而为。

这句话还蕴含另一层含义，即传授知识、帮助他人，不要制约他人。你取得的结果依赖于你的沟通方式。

"不要凭封面判断书的好坏"

这个道理的难点在于，如果你连一本书的封面都不喜欢，又怎么会想读它？

我们由书联想到人。你可曾发现，人不可貌相——你对某人没有好感，结果却发现这个人其实非常友善，你们之间有许多共同点。

人们喜欢熟悉的事物，但走出充满熟悉事物的舒适区，可

以拓展他们的世界观与阅历。因循守旧的人永远不知道世界有多大。

作为成年人，我们应当摒除这个习惯。在决定自己的好恶时，孩子们常常较为武断。以他们对食物的反应为例，他们往往抵触从未吃过的食物。

作为成年人，我们要换一种思考方式，为自己灌输新的思想或观念，否则，我们依然会武断地认识问题，并为证实这些武断的认识而耗费一生的精力。

这句话还蕴含另一层意义：不要受武断认识的束缚。例如，很多人有过不如意的经历后，就不想再尝试类似的事。相比之下，除非受到他人的影响，否则孩子们更有可能忘记过去，接纳新事物。成年人应以此为鉴，不应自缚手脚、抵制新体验。

做个小孩

在本章，我们探讨了童年时期曾被灌输的一些道理。我们可以看到，这些都是宝贵的财富。

我们可以凭借这些财富保持前进，而这些财富都藏在我们的童年记忆中。当我们将它们调入意识中后，就可以判断哪些已经或可以为自己所用。

当我们回忆这些道理时，就可以理解自身思维模式的来源。我们可以从父母灌输给我们的这些隽语中充分汲取营养，也可以摒弃对自己无益的部分。

　　读过本章后你会发现，自己居然掌握着如此多的宝贵财富，所以，你可能距离隧道尽头更近了。当你认识到自己已经具备开启这场旅程的必要条件时，下一步会更轻松。

第 16 章

只为好玩

在本章中，我们只探讨"玩"，原因只有一个：好玩。<mark>玩的意义在于享受生活。</mark>做一件事的目的只是为了玩，因为你想玩。

一些人保持着童年时期的生活态度，他们之中有老有少，年龄不一。在前文的各章中，我们探讨过他们的事迹。他们所到之处常常被人簇拥，是家人、朋友与同事的羡慕对象，因为他们似乎总是有所作为，或者总在做着有趣的事。

从表面上看，这些人似乎很幸运，过着轻松、安逸的生活，仿佛集上天的眷顾与命运的垂青于一身。

出于对人类行为学的热爱，我们开始研究这些"乐天派"具有哪些共同的品质。我们的研究表明，儿童具备的品质，这些人同样具备，想必读者对这个结果不会感到意外。也就是说，这些乐天派都保留了童年时期的一些品质，这些品质包括：

- ◆ 好奇心；
- ◆ 冒险精神；
- ◆ 兴奋；

◆　热情。

当一个孩子有了心愿、打定主意时，要打消他的念头会有多难？我们在前文中讲到，对孩子而言，喜欢做的事永远比必须做的事重要。

如果让孩子们选择是在家读书、做作业，还是去外面水洼里尽情蹦跳、弄得泥水四溅，我们都可以预料到孩子会如何选择。

请思索片刻，你认为哪些人符合上述几点。这些人之所以是乐天派，不是因为他们拥有物质财富，而是因为他们想要如此。这些人究竟有何闪光之处，它能否在你的身上显现出来？

如果你采纳本书的建议，你不仅会使自己的生活更美好、更幸福，而且还会使他人的生活更美好、更幸福。

态度与韧性

乐天派与其他人之间的明显区别之一是态度。无论生活多么艰难，乐天派依然会笑面人生。区分二者的不是生活遭遇，而是他们秉持的态度。乐天派将不如意的事单独看待，而不会认为自己命运坎坷。他们培养自身的韧性，并凭借这种品质渡过难关。他们不会沉湎于不幸，甚至不太可能会提及这些遭遇。

同时，我们身边都有这样一些人，他们可以随口说出一长串倒霉的事，逢人便诉苦。如果你是他们的倾诉对象，可能会感到不胜其烦。

◇ 练习：你如何回答"你好吗"这个问题

我们都知道，对于"你好吗"这个问题，有些人会回答"好极了，你呢？"

我们还知道，另一些人会回答"凑合吧""勉强撑着""还没倒下"或"熬到周五就好了"。听到他人类似的负面回答时，你专注于正面事物的能力会受到影响。

这项练习很简单。无论何时，当他人问"你好吗"，想办法回答"好极了""好得很，一切都很好，你呢"。

以正面的方式回答这个问题，注意他人的反应。同样，当你问他人"你好吗"，注意他们的回复让你有何感受。不要忘记，你只想给自己和他人正面的影响。

如何培养韧性

乐天派通常会通过以下几种方法培养自己的韧性。你也可以借鉴这些方法来培养自己的韧性。

◆ 他们会腾出时间做自己喜欢做的事。

◆ 哪些人能够使他们的生活更美好，他们就和哪些人交往。

◆ 即便是最枯燥、最平凡的事，他们也能从中找到乐趣。

◆ 他们的睡眠充足，睡眠质量较高。

◆ 他们会照料自己的身体。

◆ 他们会通过新方法、新技能来调节自己的心态。

所有这些方法，都会影响他们的内心感受。他们懂得照料自己，当他们面对困难时，就能以更妥当的方式应对，因为他们处于良好的心理状态，不受负面情绪的左右。

玩的意义

众多研究表明，玩可以对孩子们产生正面影响。

此外，研究还表明，如果一个人在童年时期被剥夺玩的机会，那么，随着这个人步入成年，其心理健康会遭受负面影响。

玩的乐趣对孩子们必不可少，对成年人同样必不可少。各种研究表明，玩的乐趣可以对成年人产生多种正面影响，包括：

◆ 减轻压力；

◆ 提高应对问题的能力；

◆ 精力更加旺盛；

◆ 增强记忆力与注意力；

◆ 提高与他人交流的能力；

- 提升睡眠质量，入睡更快；
- 增强正面的行为模式。

如果你处于较好的心理状态与情绪状态，那么你的生活质量会更高，能给他人带来快乐，自然也会吸引他人。

心血来潮是关键

研究表明，使大脑的快感中枢进入兴奋状态的是无导向性地玩。也就是说，重点不只是玩，而是心血来潮地玩。

这可以是早晨随口哼唱一首歌，也可以是向满载乘客的公共汽车招手致意，总之，是那一刻让你感觉良好的事。

之所以玩，只因好玩。

◇ 练习：你爱玩什么

从最低分 1 分至最高分 10 分，请你为当前生活的好玩程度打分。

如果分数为 7 或更高，那么你的当前生活状态很好。如果分数为 5 或更低，那么你要想办法，让生活更好玩。

请思考一个问题：你爱玩什么？将这些你爱玩的事融入一周的活动安排。如果你想等待"合适"的时机，那么你永远也做不了这些事。一定要将这些事安排在一周的活动中，实现它们。

是感到好玩，还是心情舒畅

一定要区分感到好玩与心情舒畅之间的不同。做一件事令你感到心情舒畅，不等于感到好玩。

好玩是指在做一件事时，感到孩子般的快活。做这件事是心血来潮，它让人放声大笑，让人快活。

请思考一个问题：你目前从事的活动是让你心情舒畅，还是感到好玩？如果你只是感到心情舒畅，那么你要想办法让生活更好玩。

当观察孩子们时你会发现，他们玩的时候似乎非常快活。快活是一种强烈的情绪，你会有一种想要手舞足蹈的冲动，你会情不自禁地面带微笑，甚至放声大笑。这就是你要挖掘的快活感受。成年人不应忘记，孩子们可以从各项活动中感到快活：在游泳池中打水仗、弄得水花四溅；吹泡泡；吃冰激凌；用气球吹出各种动物，等等。

理想的境界是你真心不在乎他人对你的看法。其实这并不难，你可以穿着色彩鲜艳的衣服或尖头皮靴。埃德就是如此。达到这层境界的目的在于，完全接纳自己，完全投入当下的活动，其他一切都无关紧要。

如何发现你爱玩什么

做一件事只因它好玩、让人感到快活，不要因为其他原因做一件事。不要担心他人会如何看待你。专心致志地寻找日常生活中的快活感受。

不好玩的事要想方设法地让它变得好玩，这是一种让生活更好玩的简单方法。

上班路上感到乏味，那就听听有声书或喜欢的音乐。在烹饪或洗碗时，可以打开收音机或给亲朋好友打电话聊天。

你仍然要做必须做的事，但你可以让这些事更好玩，如为自己买束鲜花或选择景色更怡人的通勤路径。

将工作变为做游戏。对孩子们而言，无论做什么，都是做游戏。父母将任务变为游戏，孩子就能投入其中。

埃德的故事

在学生时代，我曾做兼职、打零工。起初，我做过超市的收银员。迄今为止，那仍是我做过的最好玩的工作。

这是因为我与一群志趣相投的人一起工作，我们一起将工作变成了游戏。例如，当顾客想将一件商品放回原处时，我们会相互抛递。具体来说，就是如果我站在收银处，那么我会将商品抛给收银区主管，收银区主管再抛给另一名员工，直至商品放回到货架上。这样，一件了无生趣的工作顿时变得好玩。我们很开心，店里的人也很开心。几乎任何工作都可以这样做。

　　每天你都要思考一个问题："今天是否好玩？"你可以中午前后问自己这个问题，如果回答是否定的，那么如何做出改变呢？

———————★———————

你为何不玩

　　如果你没有玩，你要思考其中的原因。对一些人而言，原因是他们感到内疚。他们存在心理障碍，做不出"在街上蹦蹦跳跳"这种事。或者他们会浅尝辄止，因为他们有所担心，如担心自己年龄过大不再适合做某些事。

　　当我们步入成年后，生活的面貌可能变得严肃起来。有时，生活似乎处处坎坷、危机不断。于是，我们的精力侧重于应对各种危机，但顾此失彼，我们忽视了生活中其他较为如意的方面。

　　另一些人在玩的时候会感到害羞，他们顾忌他人对自己的看法，所以表现得畏缩。如果你玩过"鸭子船"的水陆两栖车，那么你可能会注意到，当你驶过另一辆鸭子船时，大家都会招手示意，而且你会通过按"呱呱喇叭"打招呼。所有人都会体验到乐趣。然而，乘坐火车时，你不会朝对面火车上的乘客招手。你要反思这是为什么。这是孩子们爱做的事，是心血来潮、好玩的事，所以它一定值得做！

当遵循本书的建议后，你会发觉自己的转变，同样，他人也会发觉你的转变。你身边的一些人也许会认为，你的言行不正常，甚至觉得你的言行非常怪异。但你应当摆脱原先的思维模式。如果你达到一种境界，能够真正地与内心保持情感联结，能够活在当下，做游戏、玩，感到快活并处于最佳状态，那么你身边的一些人一定会感到不适应。

你只管鼓起勇气，保持自己的本色，追求向往的人生。

做个小孩

孩子们可以在小事中获得快乐，如向对面的火车招手、吹泡泡、在水洼中蹦跳。成年人应当挖掘这项能力，寻找生活中的点滴快乐。

做一件事，只因它好玩。不要因为其他原因做一件事。只要你有意识地寻找，总能在一件事中找到好玩的地方。机会是无穷无尽的。

出于各种原因，生活中总有一些事、一些情境难以改变，这是可以理解的。我们将在下一章探讨这个话题。

第 17 章

当下该做即当做

我们在前文中讲过，孩子们当下想做什么就做什么。相比之下，成年人往往明知自己当下想做什么，但总是说"我不应当……""我无法……""我最好不要……"。

你是否曾在起床时想要唱卡拉 OK，但左想右想还是算了？是谁打消了你的念头？不是别人，就是你自己！

本章的主题是找回自己的本真，我们也称之为潜意识思维。为此，要结合成年后的阅历与童年时期的品质，使二者相辅相成。

人们总想做长远打算，但思虑过远会迷失在当下。我们陷入了寻找我们应该在生活中做什么的困境。我们应当顺其自然，享受旅途的快乐，看旅途通向何方。

这是我们当下应该做的事。

等待灵感

你是否曾谋划过未来？你可以观察他人，他们的未来是否已经被安排得井井有条？

♥

妮基的故事

我的思想状态一度是这样的：我曾经观察身边的人，感到他们的未来似乎都已经安排得井井有条，而我自己的未来却毫无头绪。

回首往事，我不知道那时的我在期盼什么。我是否在期盼灵光一现，仿佛一道闪电划破黑夜，使我突然看清自己该何去何从。

此路不通，另辟蹊径。我知道自己"不想"做什么，但如何将这个答案翻转过来，知道自己想做什么呢？我曾想，"他们究竟是怎么知道的呢？"

当回想那时的困境时，我认识到我的思路从一开始就出现了偏颇，因为人生无法如此规划。我还未启程，却想远眺目的地。

───────◆───────

对许多人而言，产生这个问题的部分原因在于，他们在思索自己想做什么。我们往往在童年时期就被问及这个问题："长大后，你想做什么？"

这使我们认为人生有一个目的地，我们应当朝着它前进。当这个问题变为"现在你希望做什么"时，我们的心态发生了彻底的转变，因为有许许多多的路可供我们选择。

对一些人而言，这会产生另一个问题，"万一走错路，该怎么办？"

当无法确定目的地时，他们担心走错路，而害怕走"错"

路，便不敢走路。于是，他们索性哪也不去，原地踏步。

他们寄希望于出现一种暗示，以帮助他们做决定，使他们能够启程，当他们走"对"路却遇到障碍时，他们又开始怀疑这条路究竟是对还是错。他们怀疑这个障碍是另一种暗示，表明他们走错路了。于是，他们又犯了疑心病，变得犹豫不决，再次看不到出路。

路没有对错之分

如果我们告诉你世上的路没有对错之分，你会做何感想？如果你认识到，无论选哪条路都不会失败，那么你会如何做？

在我们看来，每一段阅历都是一分收获，你会从中汲取营养，并在其影响下迈出旅程的下一步。

一路走来，随着收获不断积累，你可能会调整前进的方向，但不要忘记，只有一边前进才能一边积累，否则只能困在隧道中，看不到尽头的光芒。

如果你试图从隧道的另一边远眺目的地，那么你注定会失败。如果你指望隧道凭空消失、目的地主动上门，那么你将空等一生。

体验过生活，才能把握它；没有体验，把握就无从谈起。许多人执拗地认为，如果走错路会浪费大量时间，但是，要想真正地把握生活，就先要体验它，这是必由之路。为此，我们要认识到，人生的路没有对错之分，我们要适应这一点。

你选的路在你做出选择的那一刻就是无可挑剔的选择。也许这个选择没有出路，但你要认识到，随着体验生活、积累阅历，你在不断改变。

人生的侧重点往往会随着年龄的增长而改变。年少时满意的，年长时不一定会满意。

如果再次借用前文的比喻，将生活比作乘坐火车旅行，隧道的尽头是光芒，而不是另一班火车，那么下一站只是沿途一系列站点之一。

如果这一站让你心生眷恋，你想留下来，那么你可以下车，否则，回到车上并前往下一站。当你树立这样的心态时，就可以抓住各种机会，因为你知道，无论去留，都是当下你应当做的选择。

这样可以缓解压力，你不必再寻找目的地。也许你会发现后半生的追求，也许你会继续体验生活、探索生活。

一定不要停下脚步

保持前进，随着不断学习与成长来调整前进的方向，这是一回事；做不出任何决定是另一回事，二者之间存在本质的区别。

同样，真正地保持前进是一回事；启程后，为了走对路犹疑不决、自缚手脚是另一回事，二者之间也存在本质的区别。

你要保持前进，不要后悔。在前进的过程中，你会积累经验和阅历，同时做出选择，迎接新的经验和阅历。不过，你并不知道究竟会迎来哪些经验和阅历，因为你看不到它们。

只有放弃才会失败

体验生活的滋味，无论苦、甜都是这场旅程的一部分。有时，生活看似苦不堪言，实则是为下一场旅程打基础。人生这场旅程没有终点。

只有放弃才会失败，这就像爱迪生发明电灯一样，他并没有失败，他只是先发现很多种行不通的方法，而后发现了行得通的方法。

这就是生活之道，也是生活应遵循的框架。放弃即失败，因为你永远无法知道自己放弃了何种未来。

当时你所做的决定就是那一刻最适合你的决定，你要接受这一点。虽然事后聪明的背后是一门严谨的科学，而且谁都可以为一个看似愚蠢的错误而自责，但在那时那刻，你做出那个选择再合适不过了。

关键在于，你要从中总结经验、汲取教训。不要忘记妈妈的教诲，"重要的不是过去，而是将来"。

不要自缚手脚

成年人无论做什么，总想钻入某种条条框框中。"长大后，你想做什么"，诸如此类的问题塑造了我们的思维定式。

一旦有了条条框框，我们就想将生活的方方面面都填进去，可问题在于，对许多成年人而言，这些条条框框俨然成了一座"牢狱"。在这座想象出的"牢狱"中，束缚性观念就是铁栅栏，他们逃不出去，也看不到出路。当长期受到束缚后，他们便忘了"牢狱"之外还有更广阔的世界。

"狱中"的生活循规蹈矩，没有出路，日复一日，缺少新意。要挣脱"牢狱"的束缚，就要获得新的体验，就要再次启程，唤醒对人生的敬畏感。只有如此，才能发现契机，在创造新生活的激动心情中感到知足。

如何改变现状

我们辅导过许多人，他们缺少人生目标并为此感到困惑。他们觉得，人生到了某个阶段后总该有个目标吧。

但是，我们不要忘记，有些改变无法一蹴而就。我们向许多人讲过这个道理，他们经过学习后成为心理教练。他们当中的许多人想从事全职教练职业，但是，要想从当前的全职工作成功转型就要有过渡。虽然一些人主张应当采取干脆、利索的方式，因为这可以强制你做出改变，但我们建议你避免这种

"不留退路"的态度。

以我们的经验看，在没有打好基础、缺乏成功条件时就贸然改变现状，会让人们产生极大的心理压力，使他们担心生活上难以为继。忧心忡忡会使人们精神涣散。他们会忘记执行商业计划，甚至忘记制订商业计划。

这时，他们会迫不及待地抓住一切机会以增加收入，而这些机会可能与创业之初的计划相去甚远，而且也不属于他们的专业范畴。他们可能从此陷入困境。

请你不要忘记，再如意的生活也难免有难题。重点在于放眼全局，这些难题自有其价值。

一些人认为，在新业务起步阶段，当人们为了负担日常开支做不愿做的工作是失败的表现，但是，只要你保持前进，就不会失败。

凡事当做则做。也就是说，当下该做即当做，你要接受这一点。

你从来都知道应当做什么

你往往知道自己应当做什么，只是没有注意它。人们去度假或周游世界，只是为了找回自己。

其实，如果你注意聆听、停下脚步、认真去想，就会发现你的潜意识思维已经告诉你应当做什么，而你一直在忽视它。

你没有倾听内心的声音，而是在向外寻找答案。意识到应当做什么，就要采取适宜的行动。然而，许多人只说不做。

还有一点不要忘记，哪里出现问题，就在哪里解决。

这个道理的反面案例常见于工作环境中。一名员工有抱怨或不满，于是他被调到其他部门，然而他还是抱怨……

在这类案例中，用人单位应当解决这名员工自身的问题，否则他的行为模式会不断重复。

这就是脱离日常生活环境寻找问题的解决办法的问题所在：你无法处理造成问题的原因。在巴厘岛时，一切问题似乎迎刃而解，但回到家时问题依旧。

问题出现在哪个环境中，就要在哪个环境中解决它，否则，无论你身在何处，问题都会如影随形。

当下该做即当做

妮基的故事

我曾就职于政府部门，那时我眼中只有晋升、再晋升，因为我想要升到一个级别，我很看重这一点。这曾是我的生活重心。

后来，我生了孩子，休了一年产假，而后又以不满勤的方式返岗工作。我知道自己的事业发展会受到影响，但生孩子是当时我应当做的事。

这是我的抉择。但我不想无限期地搁置事业，于是我做好安排，等孩子们长到一定年龄后，重新将精力投入事业上。

我知道这是两全其美的办法：孩子们年幼时，我休假照顾他们；然后，时机成熟时，我将计划付诸行动。果然，我又开始获得晋升。

这个故事的道理在于，我们要清醒地意识到，有一些心愿无法很快实现，关键在于要看到自己没有停下脚步，并深知这是当下应当做的事。

本色人生

你要保持自己的本色，这是因为你的选择会塑造你的生活。如果你总是表现出脱离本色的形象，那么走进你生活的是匹配这个形象的人，而不是匹配你的本色的人。

当你诚实地展现自己的本色时，生活似乎更简单。原本属于你生命中的人都会被你吸引过来。这一切都是你的选择。

实事求是、保持本色，世界就会焕然一新，这是快乐的源泉。

如果你失去本色，终将会给自己带来各种问题。承认你自己，保持本色，为你自己感到快乐。

做个小孩

孩子们从不做计划，他们做当下的事，享受当下的快乐。成年人往往为难自己，他们深陷自己的想法与自我暗示中，看不到出路。

对于自己应当做什么，他们殚精竭虑。当达不到自己的期望值时，他们便和自己过不去，而这些期望值往往是不切实际的。

做个小孩，生活会更简单、更丰富。旅途中的每段经历都会带来快乐，沿途中的各种机遇都会带来惊喜。这全是因为一旦你这样思考，世界便会焕然一新。

在下一篇中，我们将回顾童年，挖掘你曾拥有的宝贵品质，并重新认识少思寡虑的科学艺术内涵。

第六篇

少思寡虑的科学艺术内涵

清晨，你伴着兴奋醒来——此情此景，是否久违了？

然而，在童年时期，这很有可能是你日常生活的写照。那时，生活仿佛一张空白画布，充满了各种乐趣与机会。今天，唯一发生变化的是你的心态，你淡忘了少思寡虑的科学艺术内涵。

回忆小时候，设想一个具体的日子，这天你想要早睡，希望第二天早些到来，因为第二天是重要的一天。然而，你躺在床上，兴奋得睡不着！

困意迟早到来。当你睁开双眼时，重要的一天已经到来，你兴奋得不能自已，吃喝不下、坐立不安。你是否有类似的经历？

成年后，当回首这些经历时，此时再看彼时的兴奋心情可能让人不适，甚至受不了。在成长过程中，天真与单纯的快乐大多一去不复返，取而代之的是愤世嫉俗等负面情绪。

曾让我们敬畏的，现在已经习以为常，甚至理所当然。

有一项发现贯穿我们的研究始终：孩子们具备一项极其实用的品质，使他们能够尽享生活，这就是少思寡虑。

相比之下，成年人的世界往往离不开过度思考这个核心问题，那么，身处这个世界，成年人如何重新做到少思寡虑呢？少思寡虑既是一门科学，也是一门艺术，本篇我们将探讨这门科学与艺术的内涵及其背后的四项原则，帮助读者做个少思寡虑的"孩子"！

第 18 章

化繁为简

当我们问孩子们为何做一件事时，他们的回答很简单，因为他们想做这件事，但如果问成年人，他们会将几件事辗转关联、相互牵扯、绕来绕去或长篇大论地讲述理由、解释说明。

孩子们之所以做，只因为他们想做。这值得我们学习。

在研究过程中，我们曾问一个孩子喜欢玩什么游戏，他对我们说"逮人"，因为他和小伙伴们能跑来跑去。这多有意思！

化繁为简，这是我们从中学到的道理。这也是第一项原则，通过它我们可以挖掘少思寡虑的科学艺术内涵，而且它会带来许多裨益。

成年人很擅长做不想做的事，对自己想做的事却不在行。

如前文所讲，我们知道，有些事不得不做。但我们希望读者已经习得一些方法，使这些不得不做的事更有趣，或者至少认识到这些事是当下该做的事。

接下来，我们将探讨如何将其他事化繁为简。

人们为何喜欢度假

请思考一个问题：如果你生活在英国，那么去其他地方享受一下晴朗天气一定是其中一个原因，但你之所以喜欢度假，是否还有更深层的原因？为何你启程后比返程后更轻松、精力更充沛？

让我们告诉你原因：启程后，换了环境，生活的压力与重负消失了。你不再殚精竭虑，而只需要盘算下一顿吃什么，拿的防晒霜够不够用。假期生活简单至极，你可以纵情玩乐。随着返程飞机落地，你会听到有人喃喃自语："回到现实了""又该遭罪了"。

至少有一家旅行社利用返程游客的失落心理，不失时机地向他们分发度假产品宣传册，返程游客只需要交纳小额定金就可以预定下一次假期的行程，憧憬着再次逃离现实生活。

情绪随着假期起伏，难道这就是人生的真谛？如果像期待启程一样，期待返程、享受日常生活，那该是何等美好？

人们为何想一走了之

成年人总是感到压力很大、想要一走了之，原因之一是他们对有限的时间提出太多要求。这样做并不是充分利用时间，因为每天只有 24 小时。这样做是在 24 小时内塞入过多任务，并且无法轻松地完成。

此外，还有其他原因。如前文所述，在消费时，人们追求更大、更好，而这需要创造更好的经济条件，如此反复，直至经济条件吃紧、入不敷出。这时，人们往往要加班加点、加倍努力，做不喜欢的工作。

如何改变现状，恢复平衡

◇ 练习：哪些方面可以化繁为简

首先，审视自己的时间。我们在前文曾探讨过，如何腾出时间，做自己看重的事。

通过这项练习，你可以进一步分辨在生活中，哪些简单问题被复杂化了。

时间

梳理未来 7 天的日常活动，写下你要去哪些地点、做哪些任务，在每天的每项活动的旁边写下具体的时间。

这样，你就可以准确地了解每一天是如何度过的。提前列出活动清单后，你可能会发现，似乎每天都有许多空闲时间。你可能会想，这些时间都去哪里了？

将这份清单放到一边。在接下来的 7 天中，记录这些行程与任务的实际用时，以及计划外活动的用时。

每做一项活动就记录一次，你可以以小时为单位，以控制记录的次数，对每小时的活动内容进行总结。这份清单可以提供足够的信息，表明你如何真实地度过每一天。

7天之后，逐一审视每项任务与行程并请思考一个问题：是否真有必要做这项活动？

如果回答是肯定的，那么请再思考一个问题：是否有其他方法做这项活动，以使生活更轻松、更简单？

在审视清单时，请你思考以下问题。

◆ 前往每个地点时，是否必须驾车？是否可以步行？步行可以减缓生活节奏，使你注意身边的变化。

◆ 是否有必要总去超市？如果在网上购物，生活是否会更轻松？

◆ 每周居家工作1～2次是否可行？是否征求过领导的意见？是否考虑过如果免去通勤过程，可以节省多少时间？

◆ 如果你不喜欢现在的工作或工作压力较大，那么是否考虑过减少上班时间？

◆ 是否有必要限制浏览社交媒体的时间或看电视的时间？

金钱

除了要反思如何利用时间，我们还要反思如何利用金钱。为了挣钱要付出多少代价，你可曾想过这个问题？

如果你不喜欢这份工作，而且这份工作压力较大，那么换一份收入较低、离家较近的工作是否更好？是否可以减少上班时间？

这对个人经济的影响可能没有你想象得那么大，考虑到通勤成本、停车成本与子女保育成本，尤为如此。也许你还可以少纳税。

在考虑收入对个人经济状况的影响时，你要认识到这是化繁为简的代价。对你而言，能过上简单的生活价值几何？哪些方面可以节省开支？

细究起来，节省开支的机会无穷无尽。事关你的人生，让它充满快乐，你责无旁贷。

盘点你的生活

生活仿佛一个储物间，我们容易在里面乱堆乱放各种物品。人们常常抱怨，想放松下来、享受生活，但总是没有时间。实际上，他们不是没有时间，只是没有高效地利用时间。通过这些练习，以及前文讲到的生活圆饼图等，你可以盘点自己的生活。

我们应定期盘点生活，并建议读者每年至少做一次盘点，看哪些方面可以归置整齐，化繁为简。

❧

马克的故事

几年前，一名女学员对我说，她想将催眠疗法作为一项全职事业来发展，但苦于没有时间。

我只给她一条建议，"把电视机处理掉"。她说，她并不总是看电视，但我对她说，人一旦有了时间，就会无意识地做这类事。

大约一个月后，她来参加另一项培训。她找到我并对我说："我按你的建议做了，效果很棒。"

我问她是什么建议，因为我很健忘。她说："就是把电视机处理掉。这个想法真不错。现在，到了晚上，我们和孩子们围着我的笔记本电脑一起看电影、吃爆米花。"

她滔滔不绝地讲各种好处，"以前我没注意到，孩子们放学回家后就开始看电视。他们的心思都在电视上，不做作业。现在，他们回家后就开始做作业。简单来说，家庭环境变好了。"

这就是上一项练习蕴含的道理——在盘点生活时，你会发现哪些方面过于拖沓、浪费时间，这样，你就可以改变做法，提高效率。

如何高效利用时间

你可以通过上一项练习想方设法地高效利用时间。例如，在长时间驾车时，如何利用时间？是否可以听一段有声书或学些什么？请你再思考一个问题：在这段时间内，你可以提前做哪件事，从而为上班留出更多的精力，提高工作效率？

重点在于，如果你不知道做每件事究竟需要多少时间，那么就无法有效地统筹安排。这很容易出现起先高估用时，而后办事拖沓的情况，将多估出的时间浪费掉。

❦

妮基的故事

有时，当我们质疑自己的认识时，可以改变现状，而且效果会令人意外。

以前，为了经营我们的培训业务，我主要采取居家办公，仅在开会时或与人面谈时才去公司。那时，我认为，如果每天去公司办公，我会因为各种事务分神，无法完成全部工作。

然而，居家办公的问题在于，白天做不完的工作会挤占晚上或周末的时间。于是，我决定改变原有的办公安排，去公司办公。

我原以为这样我会无法完成全部工作，但事实上，我的工作效率提高了，不仅完成了所有事项，而且还将原本要来公司做的所有事务一并处理了，这让我感到惊喜。

这样，当我走出公司时，当天的工作随之告一段落，我可以享受晚上的生活。有时，变则通。

────────⭐────────

如何盘点自己的生活

要想统筹好各种活动、简化生活和腾出时间，你就要思考一些问题。

你可以时常思考以下问题：

◆ 哪些事不得不做？

◆ 哪些事不应再做？

◆ 哪些事没有意义？

◆ 假如你想招聘一名员工，从而更好地享受生活，那么你是否愿意为自己打工？

做个小孩

孩子们的生活总是很简单。在父母与学校的约束下，他们的生活层次分明。这些外界的帮助使他们的生活很简单。

他们在固定时间进餐，在固定时间休息，无论玩还是看电视，都有时长限制。一切都在约束之下。

在学校里，他们要按课程表上课，一切都有时间限制，不能超时。这其中蕴含的道理是做事井井有条，在适当的时间做适当的事，生活会更富有成效。

要控制每项活动的用时。不必做的事、不想做的事大可不做，凡事化繁为简。

第 19 章

不必介怀

在少思寡虑的科学艺术内涵中，第二项原则是遇事不介怀，这是孩子们与生俱来的品质。也就是说，孩子们不把烦恼放在心上。当大人告诉孩子要做什么或不要做什么时，孩子可能会在片刻间抱怨、生闷气，但只需要很小的一件事就可以转移他的注意力，使他忘掉烦恼。

已经发生的事一旦过去，孩子们便不再纠结，即便是小伙伴耍赖或不和他们玩，也是如此。这两种情境是孩子们之间出现矛盾的主要原因，而一旦他们进入新情境，关系就会恢复如初。

相比之下，成年人遇事难以释怀，有时会纠结一生。我们知道，在有些家庭中，家人之间因某些恩怨数十年不相往来，其实，这些恩怨在漫漫人生路上不过是一时的口不择言或小摩擦。

这种情况也常常发生在工作场所。如果某名员工的升职幅度或速度比自身的期待低，那么他往往会埋怨领导忽视其自认为立下的功劳。或者，当他发现同事的工作顺风顺水时，会认为这是由于同事得到领导的照顾。

问题在于，一旦形成这种观念，我们的态度就很难发生转变，因为无论它是否反映客观实际，在我们的世界观中它就是真相。

如果你认为领导不重用你，那么你对领导的态度会受到这种潜意识的影响。与其等到事态恶化，不如学习孩子的做法。

孩子会如何做

在研究过程中，我们曾问一些孩子，如果他人对一个人不友好并让这个人不开心，那么这个人该如何做。孩子们的回答是这个人应当去其他地方，与友好的人玩。在孩子们眼中，这件事真的很简单。

也许你会想，现实生活可没有这么简单。在成年人的生活中，可能还有其他因素需要考虑，这我们完全可以理解；但你要思考在现状不如意时，你要等它恶化到何种程度才会想办法改变它？

请不要忘记，在生活中，你不是驾车者就是乘车者。如果他人是驾车者，那么你就没有决定权。

同样，不要忘记，我们只能通过自己的世界观理解世界。我们永远无法确定他人行为背后究竟是何意图。我们只能根据自己的感知揣测他人行为背后的意图。

假如我们秉持一种心态，认为人与人之间的交往都是以最善良的意图为出发点，那么生活是否会愉快得多呢？

至于这是否符合客观实际并不重要，因为当怀有这种心态后，我们就不会揣测他人在背后说了什么，更不会受其影响。

成年人常常谨言慎行，因为我们会顾及他人的想法。人们会说，"我不能去，因为某某某会不高兴""如果我和他们聊天，某某某会恼火"。

然而，如果某某某当真会做出这些反应，而且对你的生活产生了负面影响，那么你可以做出取舍。这未必容易，但在我们看来长痛不如短痛。

如何拥有"不必介怀"的心态

要想拥有"不必介怀"的心态，我们就要在关键时刻克制自己。"他们从来对我没有好感""他们这是成心气我"，当大脑中出现这些想法时，我们就要注意了。

人的性格特质各有不同，出现上述情境也许只是交流方式存在差异。如果确实如此，那么对于双方的交流，他人有责任，我们也有责任。如果事关重要，那么不要介怀，同时，想办法使交流顺畅起来。

瑞士心理学家卡尔·荣格（Carl Jung）曾提出一个理论，这个理论认为，你之所以对他人的言行产生负面情绪，是因为虽然你也能说出这些话、做出这些事，但你不愿承认这一点。荣格指出，你的负面情绪越强烈，对方的言行就越像你的言行，同时，你也就越意识不到自己的这些言行。这种解释可能让人难以接受，而且推卸责任往往更简单。

尽管如此，如果你想将情绪掌握在自己的手中，那么应当留意自己的薄弱环节在哪里，还要意识到何时有过这些言行而不自知。

不要反应，而要应对

大多数人存在一个问题：只会反应，不会应对。对意识之外的情绪刺激，他们只能做出情绪化的反应。

我们应当习得的是要妥善应对。这需要退一步、等一等，同时，全身心地接纳一个观念：我们的情绪完全由自己决定，他人无法左右。

当我们认为自己的情绪由他人左右时，就剥夺了自己的内心力量，这又回到了第 4 章中讨论的话题——驾车还是乘车。

世界是一面镜子

当我们换一个视角看待荣格的理论时会发现，世界是一面镜子，能够照出我们的优点和缺点。

也许你听过这句话，"当我们伸出一根手指指责他人时，同时会有三根手指指向自己。"这个道理在这里同样适用。

例如，在工作场所，总有一两个人被公认为爱散播流言蜚语，但你是否曾听到其他人讲，"某某某可真爱嚼舌根，听听她在饮水机旁说的话就知道了。对了，听说了吗？财务部的某某某与行政部的某某某勾搭上了……"这个人指责他人嚼舌根，但他没有意识到自己也在嚼舌根。

那么，我们如何意识到这些行为，并且又如何避免呢？当我们想伸出手指指责他人时，停下来想一想还有其他三根手指指向自己。

荣格说，人要发展，就必须意识到所谓的"阴影自我"（shadow self），而且意识得越多越好。所以，当你想到指向自己的那三根手指时，请思考以下问题：

- 这是我需要提升的方面吗？
- 这是给我的反馈信息吗？
- 这就是我反感这些言行，并在潜意识中介怀的原因吗？

当你认识到这些问题时，就可以克制自己，并且同时认识到，对于自己的情绪，你有选择的余地。那么，你为何要让他人左右你的情绪呢？

你能学到什么

人们往往会主动给出反馈意见。你可以选择忽视它，但完全封闭自己、不接受任何反馈，可能会让你会错失有益的信息。

有时，人们确实会对一些反馈意见介怀，因为他们感到，这些反馈意见质疑他们的能力、技术、水平，甚至他们的为人。这时，他们往往不会探究能从中学到什么，而是当即予以驳斥。

相反，当你将反馈意见视为一条信息，同时又不介怀时，也许就可以发现其中的价值。

我们应当从这个视角看问题：只有得到他人的反馈意见，我们才能取得进步。当他人给予反馈意见时，我们要领情，至于如何做是我们自己的选择。

老观念重新作祟

我们在前文用较多篇幅探讨的一个问题是，为大脑灌输新观念。

然而，我们不应忘记，当处于压力之下时，老观念会重新作祟，因此，我们为大脑灌输的一切新观念都要接入脑神经中，因为在关键时刻我们会依赖脑神经做出应对。

我们要将此视为一个持续的进化过程，直至塑造出一个新的自我。说它是一个持续的过程，是因为人的外表可以改变，但脑神经无法改变，接入脑神经的应对方式也无法改变。当面对压力时，我们所采取的是接入脑神经的应对方式。

接受自己的另一面

有时，我们难以接受自己的另一面。例如，当听到凶杀案件时，我们往往会说，"我认为这样做是错误的""我绝不会这样做"。然而，如果被问到，当有人伤害我们的孩子时，我们往往会回答"我会杀了那个人"。

这些情绪藏得很深，不在我们的意识之中。然而，我们越深入探究自己的内心，越要接纳自己的另一面。这并不是说我们要认同或放任自己的另一面，而是遇事时要避免情绪化的反应。

你可能也会散播流言蜚语，如果你接纳这一点，那么，当他人这么做时，你又何必介怀呢?

我们在前文中讲到，世界是一面镜子，照出的是你自己，其中的道理是不要对镜中所见介怀，也不要做情绪化的反应，这样在遇事时就可以妥善应对。

做个小孩

孩子们接纳事物的能力极强，他们可以接纳任何人、与任何人相处。在他们眼中，任何事物都不是问题。发挥你的想象力，如果你能接纳他人不讨你喜欢的地方，生活将会多么美好，你将会多么轻松。

我们在前文中已经讲过，孩子可以接纳所有人，直至有一天，他们被灌输另一种观念。所以，做个小孩，遇事不必介怀，因为这就是孩子们为人处世的方式。他们遇事不纠结，应对当下，然后释怀。

下一次，当你感到烦恼或愤怒时，请思考一个问题：半年后，这件事还重要吗？如果你的回答是否定的，那么不必对这件事介怀。没有必要为不重要的事不愉快或闹矛盾。

第 20 章

兴奋起来

在少思寡虑的科学艺术内涵中，第三项原则是兴奋起来。孩子们很容易兴奋起来，也常常处于兴奋状态中。

在本篇的开头，我们曾提出一个问题：童年时期，你曾为哪件事兴奋得坐立不安？你急切地等待，但时间的脚步却磨磨蹭蹭，仿佛永远也过不完，有时你甚至无法入睡。

回首往事，你会发现这种高度兴奋的状态会在一些特定的情况下出现：生日前一天、假期前一天。同时，你还会在其他一些情况下感到兴奋，但达不到高度兴奋的状态。例如，你在学校没有做数学题，而是在玩游戏；或者你等待订购的衣服送货上门。

几十年后，当回想这些往事时，你能否像当初一样兴奋？对于同样的事，童年时期的你兴奋不已，成年后的你却觉得心安理得。

这些事究竟有何魔法，可以让孩子们如此兴奋？随着孩子们长大，魔法为何又失去了法力？

有意义才兴奋

当回想往事时我们会发现，让人兴奋的往往不是一件事本身，而是这件事被赋予的意义，或者伴随这件事而来的其他事。

例如，过生日就意味着收到礼物、获得惊喜、开办生日聚会，多吃几块蛋糕也不会挨批评，最重要的是在生日当天感到自己与众不同。

对有兄弟姐妹的人，这个道理会更加明显。虽然他们偶尔也能感到自己与众不同，但在生日当天，他们可以优先照顾自己的需求与意愿。

在普通的日子里，当孩子与自己真心喜欢或在乎的人在一起做开心的事、去有趣的地方或做平常不做的事时，就会感到兴奋。在我们对孩子开展的研究中，也印证了这一点。

为何我们不再兴奋

虽然成年人也可以做这些事，而且我们也认为做这些事会令自己心情舒畅，但是，我们无法再像童年时那样兴奋。这涉及以下几个原因。

思想灌输

童年时期，如果你异常兴奋，那么大人会做何反应？他们很有可能会告诉你：安静些，坐下来，不要跳来跳去。

孩子们总想取悦他人、受他人喜爱，所以他们会想方设法地按照社会规范来表现自己，其中一种方法是不去想让他们兴奋的事。

在孩子处于幼儿阶段时，父母会引逗孩子，鼓励他们兴奋起来。父母想让孩子兴高采烈地去走路、玩玩具、和小伙伴一起玩。

然而，随着孩子慢慢成长，父母开始抑制孩子的兴奋情绪，因为他们不希望自己的孩子表现得一惊一乍。入学后，环境继续对孩子们灌输思想，哪些事可以做，哪些事不可以做。环境教我们不要喜形于色，久而久之，我们的兴奋感受变了样。

喜形于色 "不成熟"

在成长过程中，当一个人遇事表现得兴奋时会显得有些稚气，尤其在同辈人之间。流露情绪就是暴露弱点，所以，安全起见，我们在遇事时要表现得不为所动。

担心情绪失控

一些人不想有任何情绪，因为他们担心情绪会失控。于是，他们开始抑制自己的情绪，使自己感受不到兴奋，也感受不到其他任何情绪。

一段时间后，"不想"也许会变为"不能"。此外，他们可能担心，有情绪会令人难堪，或者体验情绪就是打开潘多拉的盒子。他们害怕情绪一旦爆发，生活的大厦将瞬间倾覆。

害怕失望

所谓期望越高、失望越大。当我们对某件事翘首以盼，但它未能实现时，我们的心情可想而知。如此一来，便难以再期待什么——该来的迟早会来。然而，当它真的到来时，你突然置身其中，缺少事先酝酿情绪的过程，而往往正是这个过程才令人感到兴奋。

觉得没有值得兴奋的事

这是成年人兴奋不起来的主要原因。日常生活枯燥乏味，工作不开心，让人倦怠，在这种状态下，人们感到没有精力做日常生活以外的事。于是，这成为一项自证预言：因为我们感到没有精力尝试新事物，所以，只能继续走老路。

然而，我们没有认识到，尝试新事物正是摆脱走老路的出路。难怪当我们看不到出路、感受不到幸福时，会变得抑郁，因为我们看不到隧道尽头的光芒。

成年人往往踟蹰不前，对不喜欢做的事更是如此，但如此一来，我们对结果感受不到兴奋，从而缺乏动力，继续踟蹰不前。

人为何要兴奋起来

我们之所以建议读者兴奋起来，是因为这是少思寡虑的科学艺术内涵中四项原则之一。

兴奋是一种有力的正面情绪。当我们兴奋起来时，身体会分泌多种幸福激素：多巴胺、内啡肽、血清素与催产素。大脑中的化学物质含量会随之改变。兴奋产生动力，使人行动起来，因为我们想要再次感受它。

当我们向人生追求看齐时，就能兴奋起来。当我们树立了人生追求且内心感到它的召唤时，就会产生一种愿望，想要围绕这个追求做些什么。当我们有了人生追求时，这会是一个自然而然的过程。当我们凭意愿做事时，就会自动兴奋起来。

当我们向人生追求看齐时，就可以找到动力，即使做平凡的、不喜欢做的工作，因为你知道做这些工作可以实现自己的追求，二者存在关联，所以使人兴奋。当我们兴奋起来时，就可以唤醒童心，体验活着时那种纯粹的快乐。

受制于人的兴奋感受

说成年人感受不到兴奋是不准确的，成年人也可以感到兴奋，但这种感受受制于人。广告商善于使人兴奋，他们精通此道，并且清楚这种情绪神通广大。

以苹果公司发布新款手机为例，每次都会有一场声势浩大的市场预热活动，让粉丝为之兴奋起来。为了提高你的兴奋度，苹果公司甚至会控制你打开手机包装盒的时间。

广告商还会在新品发布前故意泄露信息，进一步激发粉丝的兴奋度。因此，在外界的策划下，成年人才兴奋起来。

我们希望读者思考，如何摆脱外部因素的控制，由内而外地兴奋起来。这又回到了决定权的问题。你的兴奋感受由你决定，而不受制于人且任人摆布。

如何重新兴奋起来

要有一件值得你兴奋的事。做你热爱的事自然会让你感到兴奋，因为你看重它，所以就有了期待。

有人生追求自然也能让你感到兴奋。如果你不知道自己热爱什么，可以重温前文有关如何寻找人生追求的内容。一旦树立了人生追求，并付诸行动，你就能重新兴奋起来，因为你已经有了动力，有了看重的事，从而有了期待。

让我们想想过节的例子。随着电视播出节日广告，我们在他人的"许可"下，开始为节日感到兴奋，但请思考片刻，过节究竟为何让你兴奋？能吃到美食，还是能见到你爱的人？都不是，因为如果你想要做这些事不需要等到某个节日，随时都可以。兴奋感应伴你一生，而不仅仅是某个节日。

当领悟了兴奋的真谛后，你就可以随时兴奋起来，只需要把它播撒在生活中即可。

你可以想一想，那些你爱的人、让你心情愉快的人、让你感到生活美好的人，你多久没有与他们在一起了？ 喜欢做的事就优先去做，这会让你兴奋起来，生活也会更美好。

如果你感到没有精力摆脱走老路，那么下一章，即少思寡虑的科学艺术内涵的第四项原则——玩儿起来——可以帮助你摆脱它。

做个小孩

对孩子们而言，兴奋的感受是天然的、纯正的、自然而然的。他们在生活的点滴中感到兴奋，收获快乐的人生。

你远远想象不到，在日常生活中，究竟有多少兴奋起来的机会。当你抓住它们并兴奋起来时，就可以获得巨大的裨益。

第 21 章

玩儿起来

关于"玩"对儿童与成年人的重要意义，不乏研究论证。成年人是否爱玩，与情绪健康与否存在较大关联。玩可以缓解压力、放松心情、提升创造力、释放想象力、提高解决问题的能力。

从童年步入成年的过程中，我们不再玩了。生活越发忙碌、越发严肃，我们不再找时间玩。我们不再玩也就失去了玩的益处。

有时，我们仍会产生玩的冲动，但往往不重视这股冲动，因为我们认为，自己的年龄不再适合玩，而且我们还担心他人对我们的看法。只有当我们为人父母，甚至为人祖父母后，我们才有资格重新开始玩，这时不但成年人会获益，孩子们也会获益。

为何要玩

玩是少思寡虑的科学艺术内涵中非常重要的部分，因为它具有一项基本功能——打破行为模式。

当你缺少精力、无法摆脱单调重复的日常生活时，玩可以打破这个循环。在玩的过程中，你会感到放松，获得乐趣，这时你会感到精力充沛、与周围的人产生情感联结，进而获得更多的裨益。

心血来潮地玩尤为重要。研究表明，这样产生的益处最大。所谓心血来潮地玩，指着眼当下，当下想做什么就做什么，因为这会对你自己及周围的人益处更大。

活在当下

孩子们很容易投入当下。如果你有子女，又总要赶时间，一定理解这句话。孩子们无论做什么，都仿佛蜗牛一般慢吞吞。

每走一步似乎都有能够吸引他们注意的东西：人行道石砖的裂缝中钻出一棵小草；用手指拨弄金属栅栏并发出声响；墙上有一只昆虫在爬；邻居家花园里趴着一只宠物狗；在水洼里使劲蹦跳。能吸引他们注意的事仿佛永无止境。

毫不夸张地说，孩子们可以一连几个小时对一件事研究来、研究去。本书并非要求成年人对此生搬硬套，而是希望读者思考孩子们活在当下的能力。他们既不在意要去哪里，也不在意要做什么，而一旁的父母催促着他们，这令他们头痛不已。

如果我们能找回这项曾经拥有的能力，哪怕只能找回其中一小部分，使自己忘掉一切，投入当下，享受乐趣，那么我们一刻不闲的思维会获得何等裨益，会何等放松！我们的思维将关停休整，进而产生正面的知足感与幸福感。

建立各种关系

孩子们在玩的过程中会习得如何建立各种关系。在做一件事时，他们会尝试多种方法，同时观察他人的反应。成年人也不例外，在面对棘手的情境时，我们也可以通过玩来化险为夷。当我们获得乐趣、身心放松时，会放心大胆地保持本色。这时，我们就可以建立各种新关系，同时增进各种现有关系并使现有关系焕发活力，让所有人受益。

有人说，"喜欢一份工作，再累也不累。"越来越多的公司开始认同这一理念。一些公司开始在企业文化中融入玩的元素，或者营造一个好玩的工作环境。对业务有益的事，何乐而不为呢？

研究表明，玩可以激发创造力与想象力。所以，岗位职责中包含这两方面要求的公司完全可以鼓励员工玩。从工作中获得乐趣，谁会反对呢？

个体可以从幸福感与知足感中获得各种裨益。这个道理放在工作环境中依然成立。如果一名员工觉得工作开心，发自内心地想要工作，那么他会与同事建立非常融洽的关系。旷工问题会迎刃而解。一个健康、快乐的人会更加专注，更有动力。

何为玩

我们在上文中探讨了为何要玩，接下来将探讨如何玩。首先，应当定义什么是玩。在查阅字典时，我们发现一条有趣的释义——"为开心、消遣的目的，而非严肃、务实的目的从事一项活动。"换句话说，玩是指你想做一件好玩的事，于是就去做了。

那么，玩包括哪些活动呢？这因人而异，因为每个人都有各自爱玩的事。一些人认为在雨中跑来跑去很好玩，尤其是心血来潮地在雨中跑来跑去，更是如此，而另一些人认为这完全不好玩。

你应当自己去尝试。只管去试，也许你会一改往日的印象，喜欢上一项活动。孩子们时刻都在玩，但没有任何损失，而且玩并不需要花钱。

这里有一些启发：查一查你居住的城市会举办哪些免费活动，你可以从中发现很多免费玩的机会：手工坊类、户外竞赛类、美食节、音乐节、散步等。

你可以找到自己中意的活动，坚持把它做完。在玩的时候将手机放起来，全身心地投入其中，沉浸于当下。你会感到焕然一新。

◇ **练习：想方设法地玩儿起来**

我们建议读者在接下来的 14 天内，每天都抽时间通过一种方式玩，即便感到疲惫或懒得做，也不要放弃。

起初，你可以参考以下建议，但不要局限于这些想法。

- 玩一次本地游。去所在城市的一些景点游玩，仿佛从未去过这些景点。

- 关闭电视机，用看电视的时间玩童年爱玩的棋类游戏，每周 1 ～ 2 次。

- 尝试一种新运动或新活动。

- 玩一次拼图游戏。

- 参加一次户外团体活动。

- 来一场说走就走的自驾游。带上简单的一餐以便途中充饥，再拎上轻便旅行包，信马由缰，沿公路向前驶去。

- 准备一些室内或室外游戏，然后邀请亲朋好友来玩。要求每人带一样食物、饮料，看看大家会带些什么。

- 去游乐园，玩各种游乐项目。

- 去海边、游戏厅玩。重玩小时候爱玩的各种游戏。

类似的点子无穷无尽。熟能生巧，你实践得越多，想到的点子就越多。

第 21 章
玩儿起来

妮基的故事

一次，马克过生日，我为他列了一张生日活动清单，由他任选其中一项。清单上包括去高档餐厅用餐、听音乐会、去一个从未去过的地方、抛斧头（类似扔飞镖）。

你猜他选了哪项？当然是抛斧头！

我们玩得很尽兴。虽然我们都喜欢美食，但是，与一连几个小时坐在餐厅里相比，抛斧头要有趣得多，而且花费更少。

如何在生活中多融入一些游戏

有许多方法可以帮助你在生活中多融入一些游戏。以下是一些小贴士，你可以举一反三。

在工作中，你会有一本记事本或备忘录，记录你要参加的所有会议或活动。在记事本中，为每周的活动穿插几个空隙，每个空隙预留一小时的时间，将这些空隙标记为"玩"。

当穿插了这些玩的空隙时，你就会像对待各种会议或活动一样，为它们腾出时间。至于玩什么，由你决定。

你可以做体育活动、散步。我们保证，一旦你行动起来离开工作环境并用一小时来玩，你会感到精力更旺盛，使命感更强。你会感到精神焕发。

　　关键在于安排好时间，因为没有时间就无法玩。如果客观情况不允许你像安排会议或活动一样安排玩的时间，那么能否利用午休时间去玩？

　　要想做到这些，你心中要有一份责任感，这是为了找回玩的乐趣、为了获得自由。我们的生活受到太多的辖制，所以，每天穿插一些零碎时间，重获自由，想做什么就做什么。

做个小孩

　　我们都有玩儿起来的能力，因为我们都曾是孩子。本书希望读者找回童年时期的玩心。成年人常常受缚于结果、目标，却忘记享受过程中的乐趣。我们从一个目标奔赴另一个目标，却不曾停下来观赏沿途的风景。

　　海滩、公园、度假酒店，不管"目的地"在何方，一路上你束缚自己，想到达目的地后再开始玩，可是，为何不能在途中玩呢？

马克与妮基的故事

　　每逢周日下午，我们都要与家中的孙辈一起玩，马克叫他们三个"小阿飞"。我们喜欢去莱斯特郡的布拉德盖特公园玩。

　　每次，我们都会先从停车场走到公园的茶社。这段路虽然只有1500米，但我们要花几小时才能走完。整个过程仿佛赶着一群野猫，一个孩子爬上树，另一个孩子下到溪流中，第三个孩子踩到牛粪，但他们都很开心。他们不会顾及那么多，全都自顾自地玩儿起来。

当遇到这种情况时，一般成年人往往会急不可耐，因为我们想的是，尽快走到茶社、吃蛋糕，但细想起来，这一路上你会错过多少乐趣呢？

当看到孩子们时，我们就会看到这一路上有多少乐趣等着被发现。他们的好奇心是何等强烈，他们总在探索。相比之下，成年人失去了那份好奇与敬畏。我们应当玩在途中，越是心血来潮地玩，就越好玩。

———————————★———————————

本篇给读者的任务是想方设法玩儿起来。

化繁为简、不必介怀、兴奋起来、玩儿起来，当你遵循这四项原则时，就可以像孩子一样领悟少思寡虑的科学艺术内涵。

致谢

虽然杰米摔伤时，我们很难过，但如果没有那次意外，我们也不会萌生创作本书的念头，所以，杰米，我们要感谢你，你的"不要磨磨蹭蹭"的态度给我们带来了灵感，使我们得以向世界各地的读者传播心得。我们还要感谢其他的孩子——杰克、雅各布、安德鲁、理查德、汉娜与艾利克斯，在我们学习如何为人父母的过程中，你们一直给予我们包容；我们知道自己有时做得不好，但我们永远是一片好心。

我们的孙辈——伊森、杰西卡、麦迪、希雅、伊维与弗雷亚——他们每天开开心心，对世界保持好奇心，并充分享受生活的乐趣。每当看到他们时，我们总想着要做个孩子！

感谢我们的家人——爸爸、妈妈、莎拉与梅根给予我们的爱、支持与信任。

对于所有参与本书中所提到的研究工作的孩子们，我们致以衷心的感谢。他们眼中的世界为我们带来了无穷无尽的快乐。同时，我们要感谢孩子们的父母对我们工作的大力支持，还要感谢所有向我们敞开心扉的人，我们曾倾听他们讲述自己的困难、信念与乐观精神，现在，我们诚挚地希望本书能够为他们带来裨益。

感谢埃德的"心灵"电台节目的所有听众，他们通过电话、短信等方式讲述的关于开心快乐的故事、尽享生活的故事及寻觅乐趣的故事，始终鼓舞着我们。

我们要特别感谢英国环球媒体与娱乐公司（Global）旗下心灵节目团队多年以来的支持，以及它们在埃德创作本书的过程中给予的理解与包容！

感谢英国 HDY 营销公司的朋友、同仁与客户，尤其是安吉尔（Angel）、乔夫（Geoff）、约翰（John），泰德·詹姆斯（Tad James）与阿德瑞娜·詹姆斯（Adriana James）两位导师，以及全世界数千位曾通过泰勒生活公司（Taylored Life Company）接受我们帮助与辅导的人，感谢他们为我们的生活带来正面影响。

在此，我们向乔志娅·科克（Georgia Kirke）表达极大的谢意，她为人幽默，富有激情，难能可贵的是在 6 个月的时间里每周都为我们提供指导，使我们保持正确的前进方向；感谢科克帮助埃德实现一个酝酿 10 年的想法，让本书得以面世！

还要感谢威利（Wiley）出版公司对我们的信任，它们的工作人员与我们一样，对本书抱有热情，让我们自始至终都心怀感激！感谢他们的建议与无穷无尽的支持，感谢他们创造条件，使本书与广大读者见面。

　　一路走来，我们每个人都从生活中收获了经验，积累了专业知识，并有幸与他人分享，我们感恩不尽。哪怕本书只能帮助一个人改变现状，我们也会感到不虚此行。